Ben Redelings

Eintracht-Album

Unvergessliche Sprüche, Fotos, Anekdoten rund um Eintracht Frankfurt

Bildnachweis

firo sportphoto: 1, 19 (r.), 104, 117

Horstmüller: 7 (o.), 8 (l.), 12 (u.), 36, 52 (o.), 56 (u.), 69 (o.), 71 (o.), 74 (l.), 79, 85 (r.), 102 (o.), 108 (o.), 122

imago sportfoto: 11 (u.), 13 (r.), 15 (o.), 16, 18 (u.), 32 (u.), 33 (u.), 39, 41 (o.), 49 (u.), 54 (u.l.), 59, 60, 62 (o.), 63 (o.), 64, 67, 70, 75, 80 (l.), 83, 86 (u.), 87 (o.), 89, 92, 95 (o.), 98, 99, 101 (o.), 107 (o.), 111, 115 (u.), 121 (o.), 125, 126, 127 (o.), 128, 133, 134, 135, 137, 141, 142 (2), 143, 144, 145, 146 (Zampach), 149, 150, 152, 155 (Zampach), 157, Umschlag Rückseite

Moenkebild: 30 (o.)

picture alliance: 73 (u.), 130

Barbara Walzer: 4 (l.), 153 (Dino)

Nicht in allen Fällen konnte die Urheberschaft an den Fotos ermittelt werden.
Der Verlag bittet um entsprechende Hinweise, um berechtigte Ansprüche abzugelten.

Bibliografische Information der Deutschen Nationalbibliothek:
Die Deutsche Nationalbibliothek verzeichnet diese Publikation in der Deutschen Nationalbibliografie; detaillierte bibliografische Daten sind im Internet über http://dnb.d-nb.de abrufbar.

Lotzestraße 22a, D-37083 Göttingen
www.werkstatt-verlag.de

Satz und Gestaltung: Mona Gaarz und Hauke Ahlborn, Verlag Die Werkstatt
Druck und Bindung: Grafisches Centrum Cuno, Calbe

ISBN 978-3-7307-0104-1

Ben Redelings

Eintracht Album

Unvergessliche Sprüche, Fotos, Anekdoten rund um Eintracht Frankfurt

VERLAG DIE WERKSTATT

Säulen der Eintracht
Jörg Berger
Eintracht
FRANKFURT
Pate: Jörg Fröhlich
Willy-Brandt-Plat

PUMA
Hoechst

JOACHIM
LÖW

Eintracht
Jörn
Andersen
PUMA
Hoechst
Spaß mit Sport Hoechst

kicker
sportmagazin
DEUTSCHLANDS GRÖSSTE SPORTZEITUNG
Eintracht Frankfurt:
Mehr Mut auswärts!
Die Europa-Pokale:
Das gibt Schlager!
Großer Farbbericht vom 3:1-Sieg in Warschau
Bernd Nickel
Eintracht
Frankfurt

»Eintracht Frankfurt zählt zu den 100 bekanntesten Marken in Deutschland, in einer Reihe mit Mercedes oder Tempo.«

(Präsident Peter Fischer bei der Jahreshauptversammlung des Vereins im Jahr 2002)

»Das ist geiler als Sex. Meine Freundin möge mir verzeihen ...«

(Chris Berdrow, Sportmoderator von FFH, zum Aufstieg der Frankfurter Eintracht durch zwei Tore in der Schlussphase am letzten Spieltag der Saison 2002/03)

Glauben Sie, ich würde Fahnen schwenkend durchs Land ziehen, wenn wir Meister werden? Ich brauche keine Schlagzeilen und trinke mein Bier auch viel lieber allein in der Ecke. Mir persönlich ist der Titel wirklich egal.

(Klaus Toppmöller)

»Dass es bei der Eintracht immer an **Weihnachten** kriselt, scheint mir historisch oder genetisch bedingt! Jeder, der bei uns in Amt und Würden steht, würde in der Kabine sogar einen **Tabledance** machen, wenn er damit etwas Positives bewirken könnte.«

(Präsident Peter Fischer)

»Ich musste meine Jungs ins kalte Feuer werfen.«

(Klaus Toppmöller)

»Ich will nicht noch 50 Jahre warten, um den ersten Sieg gegen die Bayern zu landen.«

(Klaus Toppmöller einen Tag vor seinem 50. Geburtstag)

»Einige meinen, dass sie Fieber haben, wenn sie schwitzen …«

(Trainer Willi Reimanns Kritik an Pawel Kryszalowicz und den jungen Spielern)

»Wir sind hierher gefahren und haben gesagt: Okay, wenn wir verlieren, fahren wir wieder nach Hause.«

(Marko Rehmer)

»Ich wünsche mir, dass der Rasen im Waldstadion gemäht wird, damit ich meinen Freund Horst Heldt besser sehe.«

(Bayerns Mehmet Scholl hat handfeste Vorstellungen für das neue Jahr.)

»Ich wurde geboren, um Tore zu schießen.«

(Lothar Sippel)

»Zum Glück habe ich nur eine **Struktur**.«

(Thorsten Legat nach einem Verdacht auf Beinbruch)

Thorsten Legat beim privaten Krafttraining

»Rolf, wenn du deine Mannschaft nicht sehen willst, kannst du mit uns fahren. **Du darfst auch vorne sitzen.**«

(Eintracht-Fans zu ihrem Interimstrainer Rolf Dohmen nach einem 2:5 in Freiburg)

»Dass wir heute verloren haben, ärgert mich noch viel mehr, als dass ich morgen Geburtstag habe!«

(Jörg Berger)

»Wenn er sich bei Interna nicht zurückhalten kann, gibt es nur einen Verlierer. Wenn er weiter attackiert, werde ich auspacken, und das ist so wie bei STAR WARS, wenn das Imperium zurückschlägt!«

(Jan Åge Fjørtoft zu einigen Äußerungen von Felix Magath nach dessen Entlassung)

»Ich brauche keinen Butler. Ich habe eine junge Frau!«

(Thomas Doll)

»Bindewald war heute unser bester Mann. Der Gegner kriegte sozusagen eine Bindewaldentzündung, von der er sich nicht mehr erholen konnte.«

(Dragoslav Stepanovic über Uwe Bindewald)

»Ich habe Lincoln gefragt, ob er wieder in dieselbe Ecke schießt. Er hat nicht geantwortet. Das habe ich als Ja interpretiert.«

(Markus Pröll, der zwei Elfer nacheinander von Lincoln hielt)

»Erst mal ein Schluck aus der Flasche, dann die Pulle ordentlich im Netz vertäuen, dann sich langsam auf die Linie stellen und die Hose hochziehen.«

(Markus Pröll zur Vorbereitung auf einen gehaltenen Elfmeter)

»Wenn man kein Tor erzielt, kann man nicht unentschieden spielen, wenn der Gegner eins macht, und schon gar nicht gewinnen.«

(Armin Veh)

»Meine Traumvorstellung waren 68:0 Punkte. Aber 11:1 sind auch riesig.«

(Klaus Toppmöller in der Saison 1993/94)

Autogrammkarte von Faton Toski (Saison 2006/07)

Deutsch-Kosovare Faton Toski

hat auf mehrere Mahnungen des Kreiswehrersatzamtes nicht reagiert und wird erst unter Androhung eines Feldjäger-Einsatzes gefügig. Für den Einführungslehrgang beim Roten Kreuz muss Toski sogar vorzeitig ein Trainingslager der Eintracht abbrechen. Völlig überrascht äußert er sich gegenüber den amüsierten Journalisten: »**Ich wusste nicht, dass es so eilig war.**«

»Das war großes Kino, ein Hollywood-Tor!«

(Präsident Peter Fischer über ein Fallrückzieher-Tor von Christoph Preuß gegen die Bayern)

Frankfurts Nachtgebet

Wo man singt, da laß dich ruhig nieder. Eintracht Frankfurt, in letzter Zeit oft besprochen, produzierte eine Langspielplatte, die z. B. ein Nachtgebet für die Eintracht enthält. Ahnte man da schon, was auf sie zukam? Kapitän Grabowski und Schauspielerin Lisa Christ zeigen sie stolz vor.

»Wir sind nicht voll im Saft, sondern darüber hinaus.«

(Frankfurts Kapitän Ioannis Amanatidis nach einem 2:0-Sieg in Leverkusen im März 2008)

Autogrammkarte von Ioannis Amanatidis (Saison 2006/07)

Saison 1978/79: Der Frankfurter Bernd Hölzenbein regt sich über die Länge seiner Sperre auf. Er wird vom DFB für vier Spiele aus dem Verkehr gezogen, weil er zum Schiedsrichter zweimal »**Du altes dreckiges Arschloch**« gesagt hat. Der Lauterer Neues muss nur drei Partien aussetzen, weil er sich gegenüber dem Schiri mit den Worten »**Du Sau**« äußerte. Das findet Hölzenbein ungerecht. **Fazit: Manchmal liegt auch der DFB mit seinen Entscheidungen vollkommen richtig!**

»Ach was, man kann uns doch gar nicht vergleichen. Der Tony hat doch eine viel andere Frisur wie ich!«

(Rainer Rauffmann auf die Frage, wie er es finde, dass er dauernd mit Anthony Yeboah verglichen werde)

Autogrammkarten von Rainer Rauffmann: 1993/94 (SV Meppen) und 1995/96. Recht hat er, die Frisur unterscheidet sich deutlich von der Yeboahs.

»Bei der Eintracht kriselt's im Vorstand. Und wie jeder weiß: Wenn der oberste Knopf falsch geknöpft ist, sitzt der ganze Anzug schief.«

(Hans-Joachim Rauschenbach)

Bergmann-Sammelbild von Hans-Joachim Rauschenbach zur WM 1974

»Damit ich nichts Falsches sage, denn bei der Eintracht habe ich mir angewöhnt, immer alles nachzuschauen, weil es durchaus passieren kann, dass **ein Zettel aus der Akte fällt** und der Spieler dann doch gehen darf, weil er blond ist.«

(Eintrachts Sportdirektor Tony Woodcock auf die Frage, warum er den Vertrag Pawel Kryszalowiczs genauestens untersuchte, als dessen Berater einen vorzeitigen Wechsel prüfte)

»Wenn ich gekonnt hätte, hätte ich von der Tribüne das Handtuch geworfen.«

(Präsident Peter Fischer)

»Ich sehe Licht am Himmel.«

(Friedel Rausch)

Tony Woodcock am 3. Juli 2001

»Daheim passen die Frauen besser auf, als es jeder Trainer kann.«

(Dragoslav Stepanovic)

»Eintracht-Magazin« von Juni 1992

»Von mir werden Sie Treueschwüre nicht hören. Ich spreche da aus Erfahrung, denn Treueschwüre werden ja auch fürs Leben gegeben. **Meine Frau und ich sind schließlich geschieden**.«

(Gernot Rohr, Technischer Direktor bei Eintracht Frankfurt)

»Zweite Liga, Torben ist dabei!«

(Torben Hoffmann nimmt seinen Wechsel vom Aufsteiger Frankfurt zum Zweitligisten 1860 München bei der Aufstiegsfeier auf dem Römer-Balkon mit Humor.)

»Wir dürfen nicht mehr Tore kassieren, als der Gegner schießt.«

(Friedhelm Funkel)

»Wenn ich gewusst hätte, wie viele Sprachen ich in meiner Karriere benötige, wäre ich in der Schule fleißiger gewesen, hätte Abitur gemacht und wäre Dolmetscher geworden.«

(Maurizio Gaudino)

Maurizio Gaudino als Rennfahrer auf dem Nürburgring

»Im Vergleich zu nichts ist wenig viel.«

(Heribert Bruchhagen)

»Ich fahr gar nicht erst aus der Haut – denn die Rückfahrt bringt meistens Probleme.«

(Dieter Eckstein)

In Frankfurt ist man alles andere als zufrieden mit dem **Ausleihspieler Maximilian Heidenreich** von Hannover 96. Das gefallene Talent muss sich von Eintracht-Manager Atze Friedrich die Frage gefallen lassen: »**Weißt du eigentlich, wie groß so ein Fußballfeld ist?**« Als Heidenreich irritiert nickt, schiebt Friedrich süffisant hinterher: »**Aber warum läufst du dann immer nur 20 Meter?**«

»Das Leben ist kein bunter Teller!«

(Ansgar Brinkmann)

Von 1997 bis 1999 spielte der »weiße Brasilianer« für die Eintracht.

»Ich versuche immer, den Ball zu spielen, aber wenn mir jemand dazwischenkommt, dann hat er Pech.«

(Aleksandar Vasoski)

Autogrammkarte von Aleksandar Vasoski (Saison 2005/06)

»Letztes Jahr haben wir in Bremen 3:6 im Pokal verloren. **Ein Profi von Werder hat Möller am Anfang gekniffen** und gesagt: **›Heute bringe ich dich um.‹** Den Andreas habe ich in der ersten Halbzeit nicht gesehen.«

(Dragoslav Stepanovic)

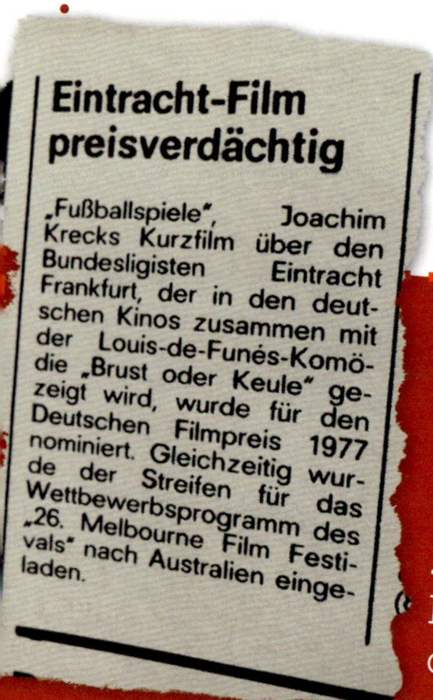

Eintracht-Film preisverdächtig

„Fußballspiele", Joachim Krecks Kurzfilm über den Bundesligisten Eintracht Frankfurt, der in den deutschen Kinos zusammen mit der Louis-de-Funés-Komödie „Brust oder Keule" gezeigt wird, wurde für den Deutschen Filmpreis 1977 nominiert. Gleichzeitig wurde der Streifen für das Wettbewerbsprogramm des „26. Melbourne Film Festivals" nach Australien eingeladen.

»Wir dürfen alles in den Mund nehmen – außer Alkohol.«

(Felix Magath)

Frage an Thomas Berthold (von Silvia T., 5778 Meschede 1): »Hättest du Lust, mit anderen Fußballspielern einen Kinofilm zu drehen?«

Antwort: »Toni Schumacher, Ditmar Jakobs, der Litti und ich in den **›Furchtlosen Vier‹**, das könnte eine lustige Sache werden.«

»Ich traue mir auch zu, **Vorwärts Honolulu** erfolgreich zu trainieren.«

(Jupp Heynckes)

»Kicker« vom 21. Juli 1986

»Kicker vom 23. Dezember 1985

»Je länger das Spiel dauerte, desto kürzer wurden die Beine.«

(Rudi Bommer)

Die Eintracht gewinnt am 33. Spieltag der Saison 1976/77 2:1 gegen den FC Bayern. Dennoch ist Eintracht-Trainer Gyula Lorant mit einem Mann nicht zufrieden: Schiedsrichter Walz aus Waiblingen. Pointiert merkt Lorant nach Spielschluss an: »Es war durchaus sehenswert, mit wie viel Selbstbewusstsein der Schiedsrichter seine Fehlentscheidungen getroffen hat!«

September 1977: Eintracht Frankfurt stellt den neuen Trikotsponsor Samson vor. Von links: Trainer Gyula Lorant, Jürgen Grabowski und Manager Dr. Joseph Wolf

Frankfurts Armin Kraaz macht mit seinem Tor zum 3:0-Endstand über den Hamburger SV einen riesigen Schritt in die richtige Richtung. Nachdem sein Trainer Kalli Feldkamp kurz vorher noch bemängelt hatte, er habe ab der Mittellinie »ein Brett vor dem Kopf**«, stellt Kraaz nun zufrieden fest: »**Jetzt habe ich vielleicht nur noch einen Ast vor dem Kopf!**«**

Autogrammkarte von Armin Kraaz (Saison 1984/85)

»An Pressekonferenzen mag ich nicht, dass aus einem richtigen Fehler dann meist eine völlig falsche Selbstkritik gemacht wird.«

(Jupp Heynckes)

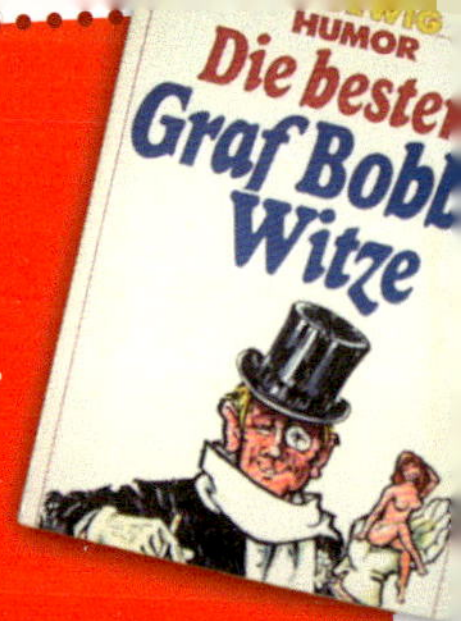

»Beim Trainerkarussell kommt mir immer die alte Graf-Bobby-Witz-Manier in den Sinn: **Graf Bobby und der Poldi fahren Eisenbahn. Bobby sitzt in Fahrtrichtung, Poldi ihm gegenüber. Nach der Hälfte der Strecke sagt Bobby: ›Poldi, lass uns die Plätze wechseln, ich kann dein Gesicht nicht mehr sehen.‹«**

(Jupp Heynckes drei Tage vor seiner Entlassung)

Mai 1994: Eintracht-Präsident Matthias Ohms schenkt Trainer Jupp Heynckes Apfelwein ein.

»Da kommen manche Berater mit ganzen Listen, Spieler aus Kamerun, der Slowakei, Kroatien oder den USA. Alles Weltklassespieler. Und **wenn du mal hinterfragst, fällst du fast in Ohnmacht.**«

(Karl-Heinz Körbel)

»Das ist ein fürchterlicher Schmutzfink, ein ganz, ganz dummer Mensch. **Dieser Gerster gehört gefedert und geteert vom Hof gejagt.** «

(Willi Reimann in der Saison 2004/04 über den ehemaligen Manager und heutigen Spielerberater Klaus Gerster)

»Ein Weltklassespieler – Linksfuß! Ganz starker Mann! Wie Magath früher ...«

(Felix Magath)

»Es gibt Leute, die mit 70 noch in der Politik sind, die jeden Tag was um die Ohren gehauen bekommen, aber die brauchen das. Und ich brauch das im Fußball auch.«

(Friedel Rausch auf die Frage, warum er sich den Job als Manager von Eintracht Frankfurt in der 2. Liga antun will)

»Früher hat die Eintracht für den Betrag, um den es hier geht, Toilettenpapier bestellt und heute spielen sich einige als Retter des Vereinsvermögens auf. **Und das alles wegen 3.000 Euro.**«

(Trainer Willi Reimann zur sich hinziehenden Verpflichtung von Jean Tsoumou-Madza)

Autogrammkarte von Willi Reimann

Bergmann-Sammelbild von 1968

»Ich föhne mich nicht, wenn ich auf den Platz gehe. Ich föhne mich überhaupt nicht. Meine Haare sind einfach so.«

(Ribbeck, der sich gegen Medienberichte wehrt, in denen er als frisch geföhnt beschrieben wird)

»Gib mir einfach den Ball, ich brauche eine Chance und dann ist er drin.«

(Alex Meier vor einem Heimspiel gegen Augsburg zu Angreifer Karim Matmour. Die Eintracht gewann das Spiel mit 4:2 – auch dank zweier Tore von Meier.)

»Wenn wir erfolgreich sind, verdiene ich gut. Wenn wir nicht erfolgreich sind, verdiene ich auch gut.«

(Felix Magath)

»Das hat Ingo nicht extra gemacht.«

(Bayer-Trainer Klaus Augenthaler nach einem Tor vom ehemaligen Eintrachtspieler Ingo Hertzsch)

»Ich müsste als **Hellseher** auch **Geld** bekommen. Ich habe gewusst, **wenn wir in Rückstand geraten, verlieren wir das Spiel**.«

(Willi Reimann)

»**Der Bernd hob sagenhaft gut ab!**«, erinnert sich **Schiedsrichter Wolf-Dieter Ahlenfelder**. Nach dem Finale der Weltmeisterschaft 1974 schaut »Ahli« aber genauer hin. »**Als der Bernd wieder einmal wie eine TUI durch den Elferraum segelte, bin ich zu ihm hin:** Nee, Bernd, da passiert überhaupt nichts. Die müssten dir schon das Bein abtreten, dann könnte es sein, dass ich mal auf den Punkt gehe!«

So urlaubten Weltmeister im Sommer 1974: Bernd Hölzenbein mit Tochter Sabrina und Ehefrau Jutta in einem Tretboot

Manager Atze Friedrich gibt in Frankfurt auf:

Über Lautern wird immer gesagt, es wäre Provinz. Frankfurt hat als Stadt das Ohr an der Welt, aber ich sah noch nie so viele provinziell denkende Menschen wie hier.

Mai 1999: Ansgar Brinkmann feiert den Klassenerhalt.

»Zum Glück ist Magath jetzt in Bremen gelandet. Den können wir nicht mehr bekommen.«

(Eintracht-Profi Ansgar Brinkmann in der Saison 1998/99)

Autogrammkarte der Saison 1998/99

»Zufriedenheit bedeutet Stillstand. Und Stillstand bedeutet Rückschritt.«

(Horst Ehrmantraut)

»Was heißt, die Türken bauen mir ein Denkmal! Auch in Istanbul sind Denkmäler letzten Endes nur dazu da, damit die Tauben wissen, wohin sie bestimmte Reste absondern können.«

(Karl-Heinz Feldkamp)

»Siebenmal pfiff Lutz Michael Fröhlich die Eintracht auswärts – kein Mal konnte sie gewinnen. Und auch diesmal tat er alles dafür, dass diese Serie hält. Was hat Herr Fröhlich nur gegen die Frankfurter. **Hat ihm in der Jugend mal ein Frankfurter die Freundin ausgespannt?**«

(DSF-Kommentator Jörg Dahlmann)

»Der **Jupp Heynckes** ist lockerer geworden. Der hatte früher sogar einen **Rückspiegel im Bus**, um auch auf den hinteren Rängen alles mitzukriegen.«

(Reinhard Saftig)

»Uns fehlte in München die Geilheit.«

(Friedhelm Funkel)

Autogrammkarte von Attila mit Autogramm

»Es gab mal jemanden bei der Eintracht, der die Mannschaft damit motivierte, dass er einen **Adler** mit in die Kabine nahm. Vielleicht sollte ich es am Montag mal mit einer **Ananas** probieren.«

(Armin Kraaz vor einem Spiel, in dem es nur noch um die »Goldene Ananas« ging)

»Dann soll er ihn zerreißen. Ein Wechsel ist doch völlig sinnlos.«

(Andreas Möller über Jermaine Jones' Vertrag in Leverkusen)

Autogrammkarte von Jermaine Jones (Saison 2005/06)

»**Heimat ist nicht die Frage!** Ich spiele überall, und mir stehen alle Klubfarben. Da bin ich gern wie ein **Chamäleon**.« *(Thomas Doll)*

In Frankfurt hat man vor der Saison 1987/88 tief in die Tasche gegriffen und für zwei Millionen Dollar den Ungarn **Lajos Detari** verpflichtet. Doch schon bald spottet **Max Merkel** über ihn: »**Wie eine Stradivari ohne Saiten!**« Und auch Trainer Kalli Feldkamp ist angesichts der ersten erfolglosen Dribblings auf dem Platz etwas verwirrt: »**Die Frage ist nicht, wie Detari den Ball bekommt, sondern wer ihn wieder bekommt!**« Dieses Problem hat man auch nach 24 Spieltagen nicht gelöst, und mittlerweile ist auch Detari sauer: »**Mit dem Großteil der Mannschaft bin ich fertig. Die über mich lachen, sollen erst einmal gut spielen. Ich will weg!**«

»Der gehört zu unserer **Stammkundschaft**. Würde der bei Fehlern seiner Spieler so reagieren wie gegenüber uns Schiedsrichtern, hätten sie ihn bei der Eintracht längst rausgeschmissen.«
(Schiedsrichter-Sprecher Amerell nach einem Spiel in München über Friedhelm Funkel)

»Ich habe geraucht, gesoffen, Karten gespielt. Alles, was man als Fußballer so macht!«

(Felix Magath über seinen früheren Lebenswandel)

»Der springende Punkt ist der **Ball**.«

(Dettmar Cramer)

»Gerade habe ich **800 Mark** für Schampus ausgegeben und immer noch **2,5 Mio.** auf der Bank.«

(Ansgar Brinkmann)

»Es ist unfassbar, was wir hier erleben dürfen. Außerdem: Schönen Gruß an Thomas Strunz! Bayern und Nürnberg haben in die Hose geschissen.«

(Thomas Zampach)

Autogrammkarte der Saison 1998/99

»Beim 4:0 war ich mir sicher, dass wir das Spiel nicht mehr hoch verlieren werden.«

(Friedhelm Funkel zum 5:0 bei Erzgebirge Aue)

»Ich sehe alles, ich weiß alles, ich erkenne alles, ich kann jedem sagen, was er falsch macht.«

(Klaus Toppmöller)

Ender Konca wechselt von Eskisehirspor Kulübü zu der Frankfurter Eintracht. Nach der Ableistung seiner Militärzeit soll er vom 1. September 1971 an einen Dreijahresvertrag in Frankfurt erfüllen. Doch bereits nach zwei Spielzeiten mit 36 Einsätzen und sieben Toren wechselt er zurück in die Türkei zu Fenerbahçe Istanbul. Irgendwie soll es nicht sein für Konca in Deutschland. Und auch eine andere Hoffnung soll sich so nicht erfüllen. Frankfurts Vorsitzender, Albert Zellekens, hatte nämlich vorausgesagt: »Zu jedem Spiel von Ender Konca kommen ein paar Tausend türkische Gastarbeiter!«

Artikel im »Kicker«

»Wir bräuchten einen, der hinten den Ball raushaut, im Mittelfeld den entscheidenden Pass spielt und ihn vorne ins Tor schießt.«

(Willi Reimann über seinen Wunschspieler)

FRANKFURT
Eintracht
Club 20.000
Nr. 10a 2. Okt. 1976
Die Sportzeitung von Eintracht Frankfurt e.V

Jugend-Derby

Schicksalsspiele mit dem Meister

Und hinterher zum Eishockey

Das 13. Spiel

Derby in Freundschaft

IHRE FACHGESCHÄFTE FÜR MODERNE AUGEN-OPTIK
optik maschler
ZU ALLEN Kassen zugelassen

BERTI

Jaguar
Größte Jaguar Auswahl im Rhein-Main-Gebiet
…CHAEL KRAGE GMBH
XJ 4.2 L 168 PS
XJ 5.3 L 287 PS
LEASING

»Die **Österreicher** wollten mich gleich dort behalten, **als Ersatz für Hermann Maier.**«

(Felix Magath nach der Rückkehr aus einem Skiurlaub)

Autogrammkarte der Saison 2000/01

»Kongodeutsch!«

(Jan Åge Fjørtoft auf die Frage nach der neuen Amtssprache bei der Eintracht)

»Beim nächsten Mal gebe ich ihm einen Handschuh, dann hält er den Ball wenigstens fest.«

(Eintracht-Torhüter Dirk Heinen nach dem Handspiel von Mitspieler Alexander Schur, das zu einem Elfmeter führte)

Eintracht Frankfurt Autogrammadressen 1976/77:

Gert Trinklein
Geleitstr. 10
6000 Frankfurt

Dr. Peter Kunter
Löwengasse 48
6000 Frankfurt 60

Karl-Heinz Körbel
Fritz-Schubert-Ring 24
6000 Bergen-Enkheim

Ich bin **nicht verheiratet,** also habe ich auch **keine Not, Schürzenjäger zu sein**.

(Maurizio Gaudino)

»Wenn man keine Tore macht, ist's ganz schwer, ein Spiel zu gewinnen.«

(Reinhold Fanz war von Dezember 1998 bis April 1999 Trainer der Eintracht.)

»Grundsätzlich werde ich versuchen zu erkennen, ob die subjektiv geäußerten Meinungen subjektiv oder objektiv sind. Wenn sie subjektiv sind, werde ich an meinen objektiven festhalten. Wenn sie objektiv sind, werde ich überlegen und vielleicht die objektiven subjektiv geäußerten Meinungen der Spieler mit in meine objektiven einfließen lassen.« (Erich Ribbeck)

»Eine Überraschung kann es nur geben, weil sie, als taktischen Schachzug, vorher ihren Trainer entlassen haben, um noch mal ein bisschen mehr Brisanz reinzubekommen.«

(Willi Reimann vor dem Pokalderby über die Entlassung von Offenbach-Trainer Ramon Berndroth)

Das Stadionheft zum Pokal-Derby 2003, das die Eintracht im Elfmeterschießen gewann

»Ich kann damit leben, dass die FIFA das abgeschmettert hat. Ich weiß ja heute schon gar nicht, was ich eine Viertelstunde lang erzählen soll.«

(Felix Magath zur Entscheidung, die Halbzeitpausen nicht von 15 auf 20 Minuten zu verlängern)

»Mailand oder Madrid – Hauptsache, Italien!«

(Andreas Möller)

St. Paulis Duve

Nur eins verkauft – Andys Auto läuft noch nicht

● 15 Audi 80, dunkelblau, 90 PS, Preis 39 900 Mark, gelten als Andy-Möller-Modelle mit seinem Signum auf der Motorhaube. Der Käufer erhält einen von Andy signierten Ball und eine Karte zum letzten Lauf um die Tourenwagen-DM auf dem Hockenheimring als Zugabe. Der Werbevertrag Audi/Andy läuft ein Jahr. Möller selbst fährt ein Audi Coupé S2 Turbo mit 220 PS (Spitze: 248 kmh). Bisher verkaufte Andy-Audi: einer.

Frankfurts Star Möller mit dem Andy-Audi

Fotos: Köpcke, Witters, Czech, Bergmann, Pohl

Aus der »Sport Bild«

»Unsere Chancen stehen **70:50**.«

(Thorsten Legat)

»Die Lage ist **bedrohlich**, aber nicht **bedenklich**.«

(Friedhelm Funkel)

»Zu Hause bei meiner Frau.«

(Markus Kreuz nach einer Niederlage auf die Frage, wo er denn nun seinen Frust rauslasse)

Autogrammkarte der Saison 2003/04

»Es hängt alles irgendwo zusammen. Sie können sich am Hintern ein Haar ausreißen, dann tränt das Auge.« *(Dettmar Cramer)*

»**Einige haben von einem recht** guten Spiel **gesprochen. Da frage ich mich, ob ich** zum Augen- oder Ohrenarzt **muss.**« *(Andreas Möller)*

Autogrammkarte Mitte der achtziger Jahre

»**Außerdem plane ich eine Autobiografie**, das wird ein Bestseller. **Wenn Effenberg das macht, kann ich das schon lange** machen. Da kommt die Wahrheit bei einigen Leuten ans Tageslicht – **ich habe nichts mehr zu verlieren**.« *(Thorsten Legat)*

»Hinter einem Mann mit Brille vermutet man keinen Spitzensportler. **Seit ich eine Brille trage, muss ich keine Autogramme mehr schreiben**.«
(Torwart Peter Kunter)

»Ich habe schon einmal für ein halbes Jahr Spanisch gelernt. Dann wurde die Lehrerin schwanger. So wurde ich um die Chance gebracht, Trainer bei Real Madrid zu werden.«

(Felix Magath)

»Jetzt weiß ich endlich, wozu ich meinen Kopf habe.«

(Gert Trinklein nach einem intensiven Kopfballtraining unter dem neuen Trainer Gyula Lorant)

Dietmar Roth auf dem Cover des Stadionmagazins anlässlich des DFB-Pokalspiels 1994 gegen den damaligen Zweitligisten VfL Wolfsburg

»Ich schwöre als Zeuge Yeboahs Stein und Bein, dass Borowka Roth sieht, dass Herzog als einsamer Rufer in der Wüste Waldstadion herumhobscht und Olli sich vergebens nach den Bällen reckt.«

(Klaus Toppmöller)

Stadionmagazin zum Spiel gegen den HSV in der Saison 1992/93

»Bei **16 Gegentoren** schmerzt der Rücken, wenn ich die Bälle aus dem Netz hole.«

(Andreas Köpke)

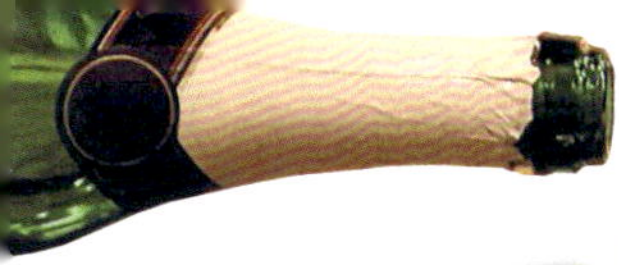

»Ich brauche **keinen Sekt**, ich brauche überhaupt **keinen Alkohol. Was ich brauche, sind Punkte.**«

(Jörg Berger)

Jörg Berger auf dem Cover der »Sport Bild« im August 1989

»Wenn mein Vater da gewesen wäre, hätte sich mein Leben vollkommen anders entwickelt. Viel zielgerichteter. Dann wäre meine Mutter zu Hause gewesen. **Ich hätte vernünftig für die Schule gearbeitet, einen normalen Beruf erlernt und wäre nicht in den Fußball abgedriftet.**«

(Felix Magath)

»Der Vereinsname ›**Eintracht**‹ ist der beständigste Witz im deutschen Fußball.«

(Johannes B. Kerner)

»Bei Eintracht Frankfurt ist alles geleast. Einschließlich Gehirn – sofern vorhanden.«

(Jürgen Friedrich, der Lauterer, spielte früher auch für die Eintracht.)

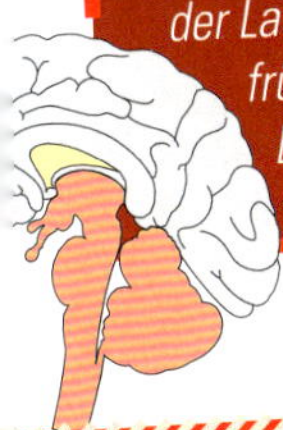

»Zé Roberto ist so schnell. Den kriegst du noch nicht einmal gefoult ...«

(Ervin Skela)

Autogrammkarte der Saison 2003/04

Starschnitt
Karl-Heinz Körbe

Die Gelbe Karte, die einen würdigen Abschied im Waldstadion verhinderte …

Charly Körbel hört auf. Bereits nach dem 600. Spiel überreicht ihm sein Präsident Matthias Ohms eine Magnum-Flasche Champagner mit den Worten: »In dieser Flasche sind die Tränen des Präsidiums!« Dass es am Ende »nur« 602 statt der möglichen 603 Spiele werden, hat vor allem ein Mann zu verantworten: Schiedsrichter Michael Prengel. Als er am 8. Juni 1991 in seine Brusttasche greift und den gelben Karton zückt, läuft Charly Körbel ein eiskalter Schauer den Rücken hinunter. Die vierte Gelbe Karte der Saison durchkreuzt seinen Plan, die Laufbahn im heimischen Waldstadion gegen den VfB Stuttgart mit dem Einzug in den UEFA-Pokal stilvoll ausklingen zu lassen. Obwohl Körbel vor der Partie Prengel die besondere Situation extra erklärt hatte, kann der Schiri die Aufregung um seine Person nicht verstehen. Für ihn trägt ganz alleine Körbel die Schuld: »Es hat mir nicht leid zu tun, er hätte sich anständig benehmen sollen.«

Was für ein Mann – er ist wirklich sehr tapfer! Am 31. Spieltag der Saison 1983/84 bei der Partie von Eintracht Frankfurt gegen den 1. FC Nürnberg liegt Charly Körbel auf einer Trage und wird über die Laufbahn hinaustransportiert. Seine Frau eilt herbei, sie **weint fürchterlich**. Von der Trage herab spricht Körbel im ruhigen Ton zu seiner Gattin: »**Mach dir keine Gedanken, es ist nicht so schlimm – nur ein Schienbeinbruch.**«

Schiri Dieter Pauly verrät einen Trick, wie man ihn umschmeicheln kann: »Es gibt einige ganz Schlaue, die den Schiri dauernd loben, um ihn gewogen zu machen. Der Charly Körbel von Frankfurt ist so einer. Wir sind schließlich auch nur Menschen.«

»Es soll mal nicht von mir heißen: **Der Charly tritt als Rekordspieler ab, hat aber auch die meisten Trainer verschlissen.**«

Körbel spielte einmal **acht Wochen** mit einem **Bänderriss** im rechten Knöchel, weil er sich nicht traute, seinem Trainer Gyula Lorant etwas zu sagen. Als der Mannschaftsarzt schließlich die Initiative ergriff, antwortete der Ungar nur: **»Boxer kämpfen auch mit Platzwunde, soll Charly Zahnpasta auf Fuß schmieren.«**

»Kicker« vom Januar 1975

»Ein Teil meines Lebens geht zu Ende.«

(Nach der Entlassung als Eintracht-Trainer 1996)

»Bevor ich **Journalist** werde, werde ich **schwanger**.«

(Felix Magath)

»Ich ärgere mich immer, wenn ich in der Oper bin und der Star zu viele Zugaben gibt!«

(Jan Åge Fjørtoft bei seinem Abschied von der Eintracht)

»Verlieren ist wie gewinnen, nur umgekehrt.«

(Andreas Möller)

Programmheft zum Länderspiel gegen Ghana 1993

»Die Polizei freut sich über den Aufstieg der Eintracht und ist gerne bereit, auch bei zukünftigen Spielen mit oder ohne Schlagstock aktiv zu werden.«

(Der Frankfurter Polizeipräsident Weiss-Bollandt)

»Wir haben gerade den Marcio von Mainz geholt. Der ist Stürmer. **Der ist doch Stürmer, oder?**«

(Dragoslav Stepanovic)

»Ich habe in Schweden gemerkt: Die wärmsten Empfehlungen bringen einem manchmal nur kühles Entgegenkommen ein.«

(Manfred Binz)

Manfred Binz (l.), Andreas Möller (r.) und Handballer Martin Schwalb (TV Großwallstadt) leisten ihren Wehrdienst in der Kaserne Bexbach (Januar 1987).

Der Eintracht-Spieler Horst Heese hat in Köln bei der Fortuna schon unterschrieben und Jean Löring sein Ehrenwort gegeben. Doch dann kommt plötzlich alles ganz anders. Die Frau von Trainer Erich Ribbeck hat die Frau des Spielers zu einem Kaffeeklatsch eingeladen. Als es Abend wird, bittet Erich Ribbeck Horst Heese, seine Frau kurz abzuholen. Doch als er oben in der Wohnung seines Trainers ankommt, ist die Kaffeetafel bereits geräumt. Um einen großen runden Tisch sitzt stattdessen aufgeregt grinsend der komplette Spielausschuss der Eintracht. Erst nachdem Horst Heese an diesem Abend einen neuen Vertrag unterschrieben hat, verlässt das Ehepaar den Raum. Das Problem: Es ist Heeses zweite schriftliche Vereinbarung! In Köln wartet Jean Löring sehnsüchtig mit dem anderen »rechtsgültigen Vertrag« in der Hand auf ein Lebenszeichen seiner Neuerwerbung. Aber Heese meldet sich nicht. Er hat ein schlechtes Gewissen: »**Ich habe mich wie ein Schuft verhalten und traue mich gar nicht mehr unter seine Augen.**« Zwölf Jahre später geht Heese dann übrigens doch zu Fortuna Köln, als Trainer, unter dem Präsidenten Jean Löring.

Februar 1970: Karl-Heinz Wirth (l.) arbeitet in einer Metzgerei, daneben Dr. Peter Kunter, Bernd Hölzenbein, Horst Heese und Jürgen Grabowski.

»11 Freunde« im Mai 2010

»Er hat angedroht, die Reisepässe abzunehmen, wenn wir verlieren.«

(Jan Åge Fjørtoft über Felix Magath)

Oft entstehen aus Zweikämpfen giftige Rivalitäten. Nach einem Foul des **Bremers Höttges** hatte sein **Frankfurter Gegner Horst Heese** einst das Feld verlassen müssen. »**Wenn der Höttges nach Frankfurt kommt**«, schwor er Rache, »**geht seine Laufbahn zu Ende.**« Tatsächlich setzt Heese den Bremer außer Gefecht. Bevor es zum Prozess kommt, bringt der DFB beide zur Versöhnung zusammen.

Wen ich in ein Spiel **mitnehme**, von dem verlange ich, dass er nach diesem Spiel **mitgenommen aussieht**.

(Erich Ribbeck)

»Das ist wie geplanter Mord.«

(Eintracht-Trainer Willi Reimann zur Entlassung von HSV-Trainer Kurt Jara)

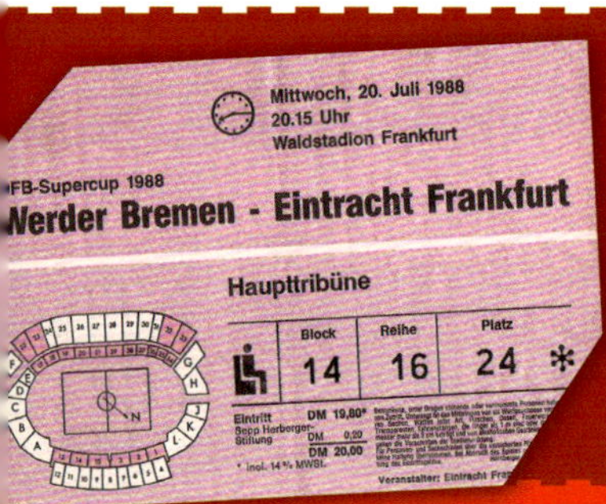

»Ich habe Rolf dann gefragt, zu welchem **internationalen Klub** er wechseln wird, da hat er **Freiburg** gesagt!«

(Willi Reimanns Reaktion, nachdem ihm Rolf-Christel Guié-Mien von seinem Wechsel berichtet hatte)

Bernd Hölzenbein ist noch etwas ungelenk auf Wasserskiern im Sommer 1974.

»Einer Schachfigur verspringt kein Ball, bloß weil sie schlecht geschlafen hat.«

(Felix Magath über Parallelen und Nicht-Parallelen von Schach und Fußball)

Charly Körbel ist nach der 0:2-Niederlage gegen den 1. FC Köln in der Saison 1983/84 überwältigt: **»Um ein Tor zu schießen, hätten wir den Toni heute mit dem Ball durchs Netz knallen müssen!«**

Gerne noch länger gespielt hätte **Willi Neuberger**. Doch nach 520 Spielen unter zwanzig verschiedenen Trainern beendet er seine Karriere. Seine Vereine in der Zeit von 1966 bis 1983: Borussia Dortmund, Werder Bremen, Wuppertaler SV und Eintracht Frankfurt. Neubergers Abschied fällt eher leise aus. Seit dem letzten Herbst ging es für den Rekordspieler nur noch abwärts: Rückenschmerzen, eine Leistenverletzung, Herzrhythmusstörungen und dann auch noch die Tbc-Erkrankung seiner Frau. Neuberger fasst die Seuchenmonate trocken zusammen: **»1982 war kein Jahr für Künstler!«**

UEFA-Pokal am 21.05.1980: Das zweite Finalspiel gegen Borussia Mönchengladbach gewinnt die Eintracht mit 1:0. Hier mit Pokal (v.l.): Trainer Rausch, Neuberger, Körbel, Pahl, Nickel, Karcher.

»Das spricht vielleicht für eine schlechte Vereinskarriere – aber das war ein **Höhepunkt** meiner Laufbahn!«

(Jan Åge Fjørtoft auf die Frage, was ihm der Siegtreffer gegen Bayern bedeute)

Stadionmagazin zum Spiel gegen die Bayern im April 1997

»Im Vergleich **zu Matthias Sammer**, der pausenlos Linienrichter attackiert und wie ein HB-Männchen auftritt, **bin ich doch ein Waisenknabe**. Da müsste ich eigentlich **eine Medaille bekommen**.«

(Willi Reimann)

»Zum Vertragsabschluss kam es aber nicht, was auch am **Schatzmeister** lag, der stets so wirkte, als würde er sogar die **Contenance wahren, wenn ihm ein Dackel ans Bein pinkelt**.«

(Die »Frankfurter Rundschau« über Schatzmeister Rainer Leben)

»Meine Spieler haben heute während des Spiels die Zeit totgeschlagen und dabei leider auch einige Mitglieder der Gegenmannschaft verletzt.«

(Jupp Heynckes)

Autogrammkarte der Saison 1994/95

»IMG hat eine Analyse machen lassen, die besagt, dass ich **sehr sympathisch**, **beliebt** und **sehr werbewirksam** sei. Ich hoffe, dass das noch lange so bleibt.«

(Felix Magath über eine Analyse seiner neuen Vermarktungsagentur)

»Wunschgegner ist **Eintracht Frankfurt** in der ersten Runde oder im Finale.«

(Der Offenbacher Stürmer Christian Knappmann zum DFB-Pokal)

»Zuerst kommt Gott **und an zweiter Stelle kommt** Willi Reimann.«

(Jean Tsoumou-Madza erklärt, wer dafür gesorgt hat, dass es bei ihm läuft.)

Autogrammkarte der Saison 2003/04

»Ich habe in meinem Leben bisher ein einziges Buch zu Ende gelesen.«

(Marco Russ)

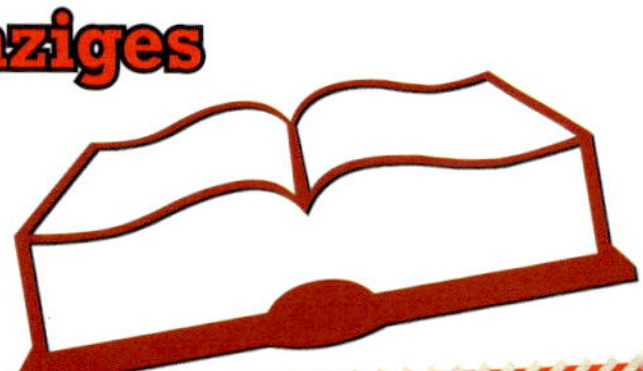

»Wenn ich 50 Meter von einer Klippe springe, kann ich auch sagen, es sind **nur 50 Meter. Tot bin ich trotzdem.**«

(Jan Åge Fjørtoft über die Verharmlosung der Situation im Abstiegskampf)

»Soll ich mal sagen, was nötig ist, damit Mannschaften Tore schießen? Erst mal Training, dass die Jungs hinterher nicht mehr wissen, wer sie sind. Die müssen den Ball hassen, dass sie nur ein Gefühl haben: weg das Ding! Aber nicht irgendwohin, sondern in diesen verfluchten kleinen Kasten da ganz weit vorn, der nur bringt die Erlösung. Denn nur diese Erlösung macht die Seele frei, ansonsten ist doch dieser ganze Fußball eine elende Quälerei. Ohne Tore ist das wie Beton auf der Brust! Mehr Tore bedeuten meistens mehr Punkte.«

(Dragoslav Stepanovic)

»Der Trainer arbeitet immer in Ruhe in Frankfurt.«

(Präsident Rolf Heller schmunzelnd)

September 1999: Präsident Rolf Heller, Olaf Janßen, Ralf Weber und eine Apfelweinkönigin prosten mit Äbbelwoi zu.

»Ich hatte schon vorher das Gefühl, dass die Mannschaft noch nicht reif für die Bundesliga ist. Aber dass einige Spieler **so weich in der Birne** sind, hätte ich nicht gedacht.«

(Felix Magath nach einer 1:2-Niederlage der Frankfurter Eintracht beim Oberligisten KSV Klein-Karben)

»Die einen werden als **Abzocker**, **Heulsusen** oder **Arbeitsverweigerer** geboren. Andere kommen als **Torsten Kracht** zur Welt.«

(Slogan einer PR-Aktion von Eintracht Frankfurt im Jahr 2000)

Autogrammkarte der Saison 1999/2000

Ach Quatsch, eher schon wegen den Zähnen …

(Giovanni Speranza auf die Frage, ob Ronaldo wegen der Haare sein Vorbild sei)

»Ich hatte gedacht, dass die Eintracht sich schon etwas aufgebaut hat, ich war richtig erschrocken: Die hatten nur das ›Kicker‹-Sonderheft.«

(Karl-Heinz Körbel über das Scoutingsystem der Eintracht)

»Ich will nicht auf der Bank sitzen. Dafür könnt ihr auch meinen Sohn nehmen, der würde sich freuen, das Maskottchen spielen zu dürfen.«

(Jan Åge Fjørtoft zu seiner Rolle bei Reinhold Fanz)

Oktober 1979: Das Maskottchen »Schöppche« wird mit Bier »gefüttert«.

Patrick Ochs hat bereits auf dem Höhepunkt seiner aktiven Laufbahn einen außergewöhnlichen Wunsch für die Zeit nach dem Leistungssport: »**Ich werde nach meiner Karriere kein Fleisch mehr essen.**« Was sich etwas schräg anhört, hat eigentlich einen ganz einfachen Grund – seine Lebensgefährtin: »**Nina ist mittlerweile Vegetarierin. Solange ich Profi bin, muss ich Fleisch essen, um wichtige Nährstoffe zu mir zu nehmen. Ich achte aber darauf, nur Bio-Fleisch zu kaufen. Damit die Tiere wenigstens ein schönes Leben hatten und nicht nur in der Schlachtfabrik waren.**«

»Das ist, wie wenn man eine Frau kennenlernt. Manchmal passt es, manchmal nicht. Und bei uns passt es eben.«

(Jens Keller über die Gründe für die neue Abwehrstärke)

Patrick Ochs auf dem Cover des Frankfurt Fußballmagazins »Zico«, mit einem Buch über die Bayern in der Hand (Oktober 2005)

»Ich wurde dafür bezahlt, hier zu arbeiten. Nun werde ich dafür bezahlt, dass ich gehe.«

(Felix Magath nach seiner Entlassung, bei der er mit angeblich zwei Millionen Mark abgefunden werden sollte)

»Wenn ich wüsste, welches System wir spielen, würden wir vielleicht sogar gewinnen.«

(Thorsten Legat)

Autogrammkarte von Thorsten Legat (Saison 1994/95)

»Kein Spieler darf klüger sein als der Trainer.«

(Gyula Lorant)

»Du kannst nicht Badeklamotten oder Sonnenmilch mit Schutzfaktor zwölf kaufen, wenn du kein Ticket für die Karibik hast.«

(Der Eintracht-Vorsitzende Peter Fischer über Finanzsorgen)

Sammelkarte von 1954 als Lorant noch Spieler war

»Da kriegt man einen dicken Hals, wenn man diese Klosterschüler an der Linie sieht. Die kommen doch gerade aus dem Kindergarten. Solche Fehlentscheidungen sind nicht zu akzeptieren.«

(Friedhelm Funkel lässt kein gutes Haar an den Schiedsrichter-Assistenten.)

»Meine Frau Marianne und ich haben **zwei Kinder**. Wenn wir nächstes Jahr nach Norwegen zurückkehren, müssen wir uns noch mal **unterhalten**.«

(Jan Åge Fjørtoft zum Thema Familienplanung)

»Der **Bengel** ist so **empfindlich**, der holt sich sogar einen **Schnupfen**, wenn er zu nah an der Drehtür steht.«

(Max Merkel über Andreas Möller)

Martin Andermatt trainierte von 2001 bis 2002 die Eintracht, hier eine Autogrammkarte von ihm als Spieler des Grasshopper Club Zürich (Saison 1987/88).

»Schauen Sie: **Wir haben die zweite Halbzeit mit vielen Stürmern 1:3 verloren, die erste nur 0:1**.«

(Martin Andermatt zur Kritik an seiner Defensivtaktik)

»Kann ich nicht sagen, weiß ich nicht. Ich werde es merken.«

(Marco Russ auf die Frage, ob sich jemand vom DFB schon seine Handynummer besorgt habe)

Autogrammkarte von 2004/05

Autogrammkarte von 2013/14

»Dieses Spiel muss sich wirklich keiner mehr anschauen.«

(Felix Magath, als ihm ein Kameramann die Videokassette von einem Sieg gegen Cottbus überreichte)

»Schädel-Harry« Karger ist anfangs technisch wenig beschlagen. Er sagt über sich selbst: **»Im Training kam nur jeder zweite Ball an, wenn nur ein Ballkontakt erlaubt war.«** Eine freundliche Umschreibung für das, was die Kollegen eher so sahen: **»Der vergewaltigt den Ball.«** *(Jürgen Grabowski)*, **»Ich habe immer Angst, dass der einige Bälle kaputt tritt.«** *(Bernd Hölzenbein)*

Autogrammkarte der Saison 1982/83

»Der spielt so, wie er aussieht: richtig fies!«

(Frankfurts Markus Schupp über seinen Mitspieler Matthias Dworschak)

»Den hätte wohl auch mein Sohn gehalten.«

(Jan Åge Fjørtoft nach einem verschossenen Elfmeter gegen die Bayern)

Die Mannschaft habe ich im Griff. Die Golfspieler im Präsidium nicht.

(Dragoslav Stepanovic kurz vor seiner Entlassung bei Eintracht Frankfurt)

»Die Eintracht ist eine Badewanne mit sehr vielen Löchern, aus denen das Wasser nur so herausschießt. Es ist uns gelungen, einige Löcher zu stopfen, aber es fließt immer noch Wasser heraus. Und wenn es uns nicht gelingt, die Löcher vollständig zu stopfen, dann werden wir kein Wasser, sprich kein Geld, in diese Badewanne lassen.«

(Matthew Wheeler, Octagon-Chef Europa)

Stadionmagazin zum DFB-Pokal-Erstrundenspiel 2014/15 in Berlin gegen Viktoria

Maurizio Gaudino

1. Fußballjahr

ünf Jahren nahm mich mein damals hriger Bruder Guiseppe - genannt si" - mit zur TSG Rheinau. Der Trainer : „Komm' wieder, wenn du sechs bist." abe geweint und darum ließ er mich gsten mittrainieren - danach durfte ich rkommen. Mit sechs Jahren habe ich mein erstes Spiel in der Kreisauswahl cht. Wir gewannen 2:0 und ich erziel- de Tore, eins sogar mit dem Kopf.

. Bundesligaspiel

var im September 1984. Ich war noch vir spielten mit Waldhof in Braun- ig. Nach zwei Minuten wurde ich im aum gefoult. Sebert verwandelte den er zum 1:0. Nach 30 Minuten war Debüt dann allerdings schon wieder et. Ich beging an der Mittellinie ein und Schiedsrichter Kautschor stellte om Platz. Ein klarer Irrtum! Er hatte mit Jürgen Kohler verwechselt, der die Gelbe Karte gesehen hatte. Es brigens trotzdem beim 1:0 für uns.

Länderspiel

var am 22. nber 1993 in n. Wir spiel- 1. Ich habe ht gespielt - meinen drei änderspielen.

Nationalspieler Gaudino

Mit wem teilst Du beim Fußball Dein Zimmer?

Früher, bei Waldhof Mannheim, mit **Dimi Tsionanis**, in Stuttgart mit **Fritz Walter** und jetzt mit **Manni Binz**. In der Nationalelf ist **Guido Buchwald** mein Zimmernachbar.

Neben wem würdest Du am liebsten mal spielen?

Mit **Uwe Bein, Tony Yeboah, Manni Binz, Thomas Doll** oder **Uli Stein** habe ich momentan meine Lieblingspartner.

Frankfurter Trio: Maurizio zwischen Uli Stein und Anthony Yeboah

Wann wärst Du am liebsten im Erdboden versunken?

Soweit war ich noch nicht. Ich stehe auch zu Fehlern!

LIEBLINGS-POSITION

Ich spiele am liebsten im zentralen Mittelfeld, direkt hinter den Spitzen.

MEIN BESTER GEGNER

Das ist der Argentinier Diego Maradona. Mein Lieblingsgegner ist übrigens Bayern München.

iego aradona

MEIN BESTES SPIEL

s erste UEFA-Cup-Endspiel 1989 mit dem VfB ıttgart in Neapel, obwohl wir unglücklich 1:2 rloren haben, nachdem ich das 1:0 in diesem exenkessel erzielt hatte.

MEIN SCHLECHTESTES SPIEL

as Rückspiel gegen Neapel. Wir spielten 3:3 nd ich bekam im kicker die Note 5 - zu Recht.

Alles von **Eros Ramazzotti**

Weil's sowohl melodisch als auch fetzig ist.

kicker STARS 2 7

Spektakuläre Verhaftung:

Im Dezember 1994 wird nach der RTL-Sendung »Gottschalk Late Night« der von Eintracht Frankfurt freigestellte Autonarr Maurizio Gaudino verhaftet. Er muss eine Nacht hinter Gittern verbringen. Der Fall sorgt für Aufsehen, und der Star der letzten Jahre entschließt sich spontan zu einem Wechsel auf die Insel – zum Traditionsklub Manchester City.

»Sagen wir es mal so: Wenn ich einen Sohn hätte, würde ich ihn **nicht** von Felix Magath erziehen lassen.**«**

(Chen Yang, der chinesische Stürmer, während seiner Zeit in Frankfurt)

Autogrammkarte von Chen Yang, der von 1998 bis 2002 für die Eintracht spielte

Ich habe zu allem eine Meinung. Als Angestellter des Vereins darf ich aber nicht alles sagen. Das kostet mich zu viel.

(Jan Åge Fjørtoft)

Wochen und Monate wird darum gefeilscht, ob Armin Veh seinen Vertrag bei der Eintracht verlängert oder ob er geht. Irgendwann sagt Heribert Bruchhagen: »**Wir haben ja schon eine Vielzahl an Gesprächen geführt, um Armin Veh hierzubehalten. Da habe ich mir jetzt gedacht, dass ich ihm damit drohe, seinen Hund im Main zu ertränken, wenn er nicht bleibt!**« Die Antwort von Veh: »**Ich merke schon, dass Heribert meinen Hund nicht kennt. Wenn die beiden sich treffen, dann liegt er nämlich im Main …**«

»Armin, du wolltest uns doch sagen, wo du hingehst?«

(Trainer Mirko Slomka am 24. Spieltag der Saison 2013/14 in Richtung des Kollegen Armin Veh, der zum Saisonende bei Eintracht Frankfurt aufhörte)

»Man kann zwar **schlecht spielen**, aber nicht **schlecht kämpfen**!«

(Martin Andermatt)

Thomas Rohrbach, das Enfant terrible der Frankfurter Eintracht, liebt die klare Ansprache. Seinem Trainer Erich Ribbeck hielt er vor: »Sie schleifen uns die ganze Woche die **Eier** und am Samstag erwarten Sie ganze Kerle auf dem Platz.« Das ging so natürlich nicht. Und als er für den »Playboy« in Sachen Sexualität ein wenig intimer wurde, rief man in Frankfurt sofort den Eintracht-Ältestenrat ein. Sehr zum Unverständnis von Rohrbach: »Ich hab nur gesagt, dass ich mir einen runterhole, wenn ich Überdruck habe. Da waren die alle sauer, und ich musste wieder zu dieser komischen Sitzung. Der eine wollte mich gleich zum **Psychiater** schicken.« Aber es war wohl auch nicht immer ganz einfach, mit dem Spieler Rohrbach und seinem Kompagnon Gert Trinklein klarzukommen. Beide liebten das Nachtleben. Und Ribbeck machte es ihnen auch leicht, bat er doch erst nachmittags zur Übungseinheit. Wie simpel man dieses Problem löst, bewies der neue Trainer Weise: »Der hat einfach morgens um neun trainiert. Und jetzt geh mal bis vier weg und dann macht der eine Konditionsüberprüfung. **Nee, kannste vergessen!**«

Bergmann-Sammelbild von Thomas Rohrbach aus den 1970er Jahren

Ein Bundesliga-Playboy?

Wenn man ihn hier so lässig ausgestreckt liegen sieht — den „Playboy" in der Hand und ein entsprechendes Poster an der Wand —, könnte man meinen, Kaspar Memering sei selbst ein Playboy. Tatsächlich aber posiert der junge HSV-Lizenzspieler nur für den Fotografen. Denn einen unsoliden Lebenswandel kann sich ein Profi nicht leisten. Vor allem wenn man Memering heißt und sich einen Stammplatz in der Bundesliga erobern will.

»Der Schiedsrichter hatte heute ein sehr gelbes Hemd an!«

(Horst Heldt nach dem 1:6 bei Borussia Dortmund über Schiri Uwe Kemmling)

»Grundsätzlich ist es mir egal, was meine Spieler essen und trinken. Hauptsache sie nehmen mir bei McDonalds keinen Platz weg.«

(Felix Magath)

Panini-Sticker von 2001

Frankfurts Stürmer Edgar Schmitt möchte die Eintracht unbedingt verlassen. Dumm nur, dass er kürzlich im Trainingslager noch einer Vertragsverlängerung zugestimmt hat. Schmitt entschuldigt die Unterschrift damit, dass er unter Alkoholeinfluss gestanden habe. Als Zeugen benennt er seinen Mannschaftskameraden Axel Kruse. Und der kann Schmitts Version tatsächlich bestätigen. Er sagt nur ein Wort über des Stürmers damalige Verfassung: »**Hackezu**«!

Bei der Eintracht geht es hinter den Kulissen drunter und drüber. Zur Vorstellung des Programms einer Opposition dürfen die Spieler nicht gehen. Norbert Nachtweih kommentiert das so: »Bei solchen Zuständen hätte ich nicht aus er DDR flüchten müssen!**«**

»Der Trainer wird uns schon auf den Boden zurückholen. Morgen wird es den längsten **Waldlauf** der Geschichte geben!«

(Jan Åge Fjørtoft nach einem 4:0-Sieg)

Autogrammkarte der Saison 1982/83

Keeper Jürgen Pahl ist nach zwei Jahren vornehmlich auf der Bank der Eintracht der Verzweiflung nahe: »Ein Trainer macht sich hier doch eher in die Hose, als den Torwart auszuwechseln.«

Charly Körbel erzählte einmal die Geschichte von seinem Fußballlehrer Gyula Lorant. Der wurde jeden Morgen von seinem Co-Trainer Pal Csernai zum Training gefahren. Lorant behauptete, er habe morgens immer so schreckliche Kopfschmerzen, die ihm das Fahren unmöglich machten. Irgendwann bekamen Körbel und seine Mannschaftskameraden aber doch noch den wahren Grund für Lorants Fahrunlust heraus: Der Trainer hatte seinen Führerschein verloren als er das Kunststück vollbrachte, auf der Autobahn rückwärts zu fahren.

Januar 1976: Bernd Lorenz, Helmut Müller, Gerd Simons, Wilfried Stradt, Charly Körbel und Rüdiger Wenzel

»Zuletzt wurde mir vorgeworfen, ich würde zu spät auswechseln. Aber ich bin ja lernwillig …«

(Felix Magath, nachdem er Gerd Wimmer schon nach 29 Minuten vom Platz geholt hatte)

Autogrammkarte der Saison 2000/01

»Eines möchte ich noch kurz anfügen. Auf der Homepage meines Kollegen Thomas Sobotzik habe ich gelesen, dass ich seinem Sohn so ähnlich sehe. Mit Frau Sobotzik habe ich aber schmunzelnd ausgemacht, dass an dieser Geschichte nichts dran ist.«

(Jan Åge Fjørtoft)

»Was **Stein**, **Binz**, **Bommer** und **Gaudino** sagen, ist das **Evangelium**.«

(Klaus Toppmöller)

»Erste Pass, gleich Scheiße!«

(Dragoslav Stepanovic beim ersten Training nach seinem Comeback in Frankfurt)

»Da können sie vom **Jungen** zum **Mann** werden und **Jermaine** kann sich an einen geregelten Ablauf gewöhnen.«

(Martin Andermatt zur Bundeswehr-Einberufung der Spieler Mutzel, Preuß und Jones)

Sammelbild von Stepi aus seiner Zeit bei Manchester City, wo er von 1979 bis 1981 spielte.

Starschnitt
Jürgen Grabowski

Nach dem Spiel der Eintracht gegen Borussia Mönchengladbach in der Saison 1974/75 hat es ein Ordner besonders eilig. **Zu Hause wartet die Familie mit dem Abendbrot.** Sehr zum Leidwesen von Jürgen Grabowski. Erst durch lautstarkes Klopfen und Rufen kann der Eintracht-Spieler auf sich aufmerksam machen. **Den Kapitän hatte man schlicht vergessen und die Türen der Kabine bereits fest verschlossen.**

Saison 1977/78: Eintracht Frankfurt nimmt zu Freundschaftsspielen neuerdings auch mal die eigenen Frauen und Freundinnen mit. Kapitän Jürgen Grabowski veranschaulicht sehr bildstark die Vorteile dieser neuen Regelung: »Wenn man von den Spielerfrauen verlangt, dass sie ihre Männer ständig aufrüsten, soll man ihnen auch hin und wieder ein Bonbon zukommen lassen und sie zu Freundschaftsspielreisen ins Ausland mitnehmen. Nur sollte von vornherein klargestellt werden, woran sie teilnehmen dürfen und wo sie fernbleiben müssen. Ich bin ganz sicher, dass jede Frau Verständnis dafür aufbringt, dass gewisse Trennungslinien gezogen werden müssen. Nur sagen muss man's ihr halt im vernünftigen Ton.**«**

»Wir rennen nicht aus Angst vor Lorant, sondern aus Überzeugung.«

»Kicker« vom 22. März 1971

Plakat zum Abschiedsspiel von Grabowski am 12. November 1980

»Was heißt **Freunde**? Das ist im Fußball ein sehr schwammiger Begriff.«

Das entscheidende 5:1 gegen den 1. FC Kaiserslautern, das der Eintracht den Klassenerhalt sichert

Ausschnitt aus der legendären Radio-Schlusskonferenz 1998/99 mit Dirk Schmitt: »Wo die Frankfurter Eintracht natürlich nach wie vor Druck macht. Sie weiß, ein Tor könnte wieder den 1. FC Nürnberg in den Abgrund stoßen, überhaupt keine Frage, und sie kommen jetzt wieder mit Christoph Westerthaler in der zentralen Position, nur Sforza hat er vor sich, dann ist es Fjörtoft, der ist im Strafraum, und er trifft. TOOR, TOOR für die Frankfurter Eintracht, 5:1, herrje, welche Leistung! Und damit ist wieder der 1. FC Nürnberg in der zweiten Liga!«

Jürgen Friedrich wird Manager bei Eintracht Frankfurt. Eine unglückliche Entscheidung, wie er schnell merkt. Die Verhältnisse sind chaotisch und bedrückend: »Ich habe immer geschaut, ob da irgendwo Wanzen unterm Tisch sind. Man konnte fast keinem mehr trauen.«

Autogrammkarte der Saison 1999/2000

»Erst Leben musste Leben in diese Gammelbude bringen und sie zum Verkauf anbieten. Dass er dabei mit dem Einfühlungsvermögen eines Swingerclub-Vertreters in der Klosterschule vorging, musste vielleicht so sein.«

(»Frankfurter Rundschau« am 30. Dezember 2000 über Schatzmeister Rainer Leben)

Eintracht-Magazin vom 10. Mai 1998 mit Westerthaler auf dem Cover

»Der Trainer hatte nach den ganzen Ausfällen im Angriff nur noch die Wahl zwischen **mir** und dem **Busfahrer**. Da der Busfahrer seine Schuhe nicht dabei hatte, habe ich gespielt.«

(Jan Åge Fjørtoft über seinen Einsatz gegen Freiburg)

Was Dettmar Cramer von dem Rausschmiss eines Fußballlehrers hält, fasst er so zusammen: »Wenn jeder Verein in der Bundesliga einen Herberger hätte, müssten zwei Herberger absteigen.« **Und Frankfurts Präsident Rudi Gramlich schätzt den Sachverhalt realistisch ein:** »Man kann einen Trainer nicht engagieren wie einen Automaten, in den man oben das Geld reinsteckt und unten die Deutsche Meisterschaft rauszieht.«

Unser Starschnitt 9

sportmagazin
kicker
DEUTSCHLANDS GRÖSSTE SPORTZEITUNG

Mit Cramer kommen neue Probleme!

Manager Schwan droht Beschneidung seiner Machtbefugnisse. Oder aber: Pocht USA doch auf Vertrags-Erfüllung?

Der neue Real-Star denkt derzeit nicht an Länderspiele:

Paul Breitner: Nationalelf nicht aktuell für mich!

Der National-Keeper will keinesfalls in der Halle spielen

Schalker Schock: Torwart Nigbur trat in den Streik

Dettmar Cramer ist seit langem Franz Beckenbauers Wunschtrainer beim Meister FC Bayern München.

»Kicker« vom 9. Januar 1975

»Einer hat mir erzählt, dass die Entscheidung so knapp ist, dass es zu einer Handauszählung kommen wird – wie in Florida!«

(Jan Åge Fjørtoft auf die Frage, ob er in Frankfurt bleibt oder schon im Winter in seine Heimat zurückgehen wird)

»Ich rate jedem Spieler, mehr Karten zu spielen. Das fordert das strategische Denken und wirkt sich positiv auf die Kreativität auf dem Platz aus.«

(Felix Magath)

»Schreiben Sie, dass ich mir eine Eintracht wünsche, die sportlich und wirtschaftlich immer vorn mitmarschiert und deren Vielseitigkeit erhalten bleibt. Dass durch die Anerkennung der gegenseitigen Leistung die Erziehungsaufgabe gewährleistet wird und dass die Leistungssteigerung der Bundesliga anhält. Dann kommen auch Zuschauer, dann ist auch die Wirtschaftlichkeit garantiert.«

(Rudi Gramlich im Sommer 1968)

»In der Bundesliga gibt es immer mehr Spieler mit einer Lederball-Allergie.«

(Ansgar Brinkmann zur Technik seiner Berufskollegen)

Karte aus einem Fußballquartett

Hochspringerin Alice Javad und Ansgar Brinkmann bei einem gemeinsamen Fotoshooting im August 1998

»Tore Pedersen ist ein sehr guter Freund. Ich bin jetzt hier, um für ihn eine Frau zu finden.«

(Jan Åge Fjørtoft über den Grund seines Wechsels zu Eintracht Frankfurt)

Sammelbild von Pedersen, der von 1998 bis 1999 für die Eintracht spielte, zur WM 1994

ts neuer Trainer Jörg Berger:

rgangenes st für mich rgessen

bestätigen alle. Die Vereine, bei denen er bislang unter Vertrag stand (Berger: „Überall ging's bergab, nachdem ich nicht mehr da war"), seine neuen Schützlinge.

In einer Unzahl von Einzel- und Gruppengesprächen hat Berger versucht, die Ursachen für den Niedergang der Hessen seit dem Pokalsieg im Mai zu ergründen. „Die Summe der Einzelspieler ist auf alle Fälle besser als das, was bislang heraussprang", sagt er. „Ich will, daß die einzelnen Spieler selbstbewußter werden und daß die Jungs als Mannschaft auftreten."

Eine positive Ausstrahlung möchte er der Eintracht verleihen, „weil auch ich ein positiv denkender Mensch bin. Ich schaue nur nach oben".

Dabei weiß er nur zu genau, daß es die kleinen Winzigkeiten sind, die den Fußball regieren. Die bestimmen über Siege und Niederlagen, Meisterschaften und Enttäuschungen, Klassenerhalt und Abstieg. Ein paar kurze Augenblicke werden ab 18. Februar entscheiden, ob Jörg Berger in Frankfurt die Früchte seiner Arbeit erntet oder ob's ihm ergeht wie in Kassel in der Saison 1984/85.

Bis zum letzten Spieltag führten die Hessen damals die Zweitliga-Tabelle an, ein Punkt im letzten Saisonspiel in Nürnberg hätte zum Aufstieg gereicht. In der 89. Minute bot sich Kassels Deuerling die Riesenchance zum 1:1 – er versiebte sie. Im Gegenzug schoß Thomas Brunner den Club in die Bundesliga und die Kasseler Mannschaft sowie deren Trainer Jörg Berger in die Depression, zurück auf den undankbarsten aller Zweitliga-Plätze, Rang vier.

Dies sind so die Momente, da ein Trainer wie Jörg Berger ins Grübeln gerät, da er zu zweifeln beginnt. Nicht so sehr an seinen eigenen Fähigkeiten, eher schon daran, daß im Fußball so etwas wie Gerechtigkeit existiert.

Fast zwanzig Jahre lang arbeitet Berger nun schon im Trainerjob. Zwanzig Jahre, in denen er keine einzige Trainingseinheit versäumt hat. Nie krank, nie verhindert. „Fußball ist mein Leben", sagt er. „Und ich bin überzeugt, daß sich ehrliche Arbeit am Ende, unterm Strich auszahlt."

Wenn es so etwas wie Gerechtigkeit gibt im Fußball, dann startet die Eintracht am 18. Februar in eine erfolgreiche Rückrunde. **Harald Kaiser**

13

Artikel aus dem »fußball magazin«

Jörg Berger wird am 19. Dezember 1999 entlassen. Nach Dragoslav Stepanovic, Horst Ehrmanntraut und Gernot Rohr ist das der vierte Trainerrauswurf des Präsidenten Rolf Heller, der seit 1996 im Amt ist. Ein hoher Verschleiß an Übungsleitern in so kurzer Zeit. Das sieht Heller nicht anders und sagt: »**Ich würde gern mal länger mit einem Trainer arbeiten. Aber man kommt ja nicht dazu!**«

»Unbestätigten Gerüchten zufolge wurde heute mit der Überdachung des Waldstadions begonnen. Sie fragen warum? Weil Glücksspiele im Freien verboten sind!«

(Rolf Töpperwien im »Aktuellen Sportstudio« des ZDF)

»Willst du Männer formen, musst du Jünglinge fordern.«

(Dettmar Cramer)

»Ich kenne mich in dem Spiel nicht mehr aus.«

(Felix Magath nach zwei seltsamen Elfmeterentscheidungen)

Bergmann-Sammelbild von Jürgen Friedrich (1967/68)

Bei einem Messecup-Spiel erhält **Jürgen Friedrich** einen Platzverweis und wird für die Bundesliga gesperrt. Er hat auf dem Weg in die Kabinen zum Schiedsrichter gesagt: »Ehe ich Ihnen die Hand gebe, lasse ich sie mir **abhacken**.« Schon zuvor sorgte der Unparteiische bei seinen Mannschaftskameraden für Aufsehen: »Der Schiri lief mit einem **Kamm in den Stutzen** ein – natürlich haben wir darüber gelacht!«

»Freundschaften schließen ist noch viel wichtiger als Tore schießen – mit Abstand.«

(Dettmar Cramer)

»Wenn man eine schnelle Mannschaft möchte, soll man elf Leichtathletiker kaufen!«

(Jan Åge Fjørtoft)

»Ich bin der ex-beliebteste Spieler der Eintracht.«

(Jan Åge Fjørtoft)

Autogrammkarte aus seiner Zeit bei Rapid Wien, wo Fjørtoft zwischen 1989 und 1993 unter Vertrag stand

»In der Bundesliga wird ein Fußball gespielt, wie sie in China Anzüge tragen: einheitlich, alles gleich.«

(Pal Csernai, 1988 für drei Monate Trainer der Eintracht)

Natürlich kann ich Ihnen nur Plattheiten sagen! Was verlangen Sie denn von jemandem ganz unten?!

(Jörg Berger im Abstiegskampf)

»Meine Mutter ist schon 90 Jahre alt, aber sie versteht immer noch alles. Nur mit dem Abseits hat sie Probleme. Sie hat mal zu mir gesagt: ›**Du bist doch bei der FIFA, schaff' endlich diese blöde Regel ab.**‹«

(Dettmar Cramer)

»Ich habe die Zeit zum Abschalten und Nachdenken genutzt und mich meiner Familie gewidmet. Meine Zwillinge verwechsele ich jetzt nicht mehr so oft.«

(Jörg Berger)

Starschnitt
Bum-Kun Cha

»Gott hat an mir Wunder gewirkt«, sagt Bum-Kun Cha durchaus selbstbewusst.

Der Sohn von Bum-Kun Cha, Du-Ri Cha, und ein Foto von Bum-Kun zieren im Mai 2004 das Cover des »11 Freunde«-Magazins.

»Deutsch kann er noch nicht sprechen, aber fallen dafür umso besser!«
(Walter Eschweiler über Bum-Kun Cha)

Kurioses passiert am 30. Dezember in Darmstadt: Der Südkoreaner Bum-Kun Cha gibt für die Lilien sein Bundesliga-Debüt. 700 begeisterte Landsleute kommen aus allen Teilen der Republik, um den »populärsten Fußballspieler Asiens« live spielen zu sehen. Am Ende steht es 3:1 für Darmstadt 98 gegen den VfL Bochum. Cha präsentiert sich bärenstark – verschwindet allerdings direkt nach der Partie spurlos. Erst kurze Zeit später wird bekannt, dass er zu Hause noch seinen **Militärdienst ableisten** muss und deshalb umgehend in die Heimat zurückkehrte. Er hat es so eilig, dass in Darmstadt monatelang noch ein Umschlag mit 1.500 Mark für ihn liegt – es ist die Prämie, die Cha für den Sieg gegen Bochum erhalten sollte!

Autogrammkarte von Bum-Kun Cha

»Wieder ein Konter. Wieder Cha Bum – was macht er? Wieder drüber!«

(Holger Obermann kommentiert eine Wiederholung)

Un-Mi, die Frau des koreanischen Fußball-Helden Bum-Kun Cha, konnte von der feinfühligen Seite ihres Mannes berichten: »Hoffentlich wird Cha heute Abend in Kaiserslautern aufgestellt! Es würde ihn so hart treffen, wenn er nicht spielt«, erzählte sie offenherzig einem Fußball-Magazin. Wahrscheinlich werden auch seine Konkurrenten um den Stammplatz bei der Frankfurter Eintracht aufmerksam verfolgt haben, welch weiche Seite ihr Mitspieler da offenbarte: »Ich zittere jedes Mal um ihn, sensibel wie er ist, nimmt er sich jeden Misserfolg unwahrscheinlich zu Herzen.«

1. Oktober 1980, Eintracht Frankfurt – Schachtjor Donezk (3:0): Die Anzeigetafel im Frankfurter Waldstadion präsentiert den Torschützen Bum-Kun Cha.

»Wenn sie mal einen über den Durst trinken wollen, empfehle ich, das nicht unbedingt nach dem Spiel zu machen. An diesem Tag ist der Körper ohnehin schon geschwächt.«

(Felix Magath)

»Die Mannschaft hat frei – bis morgen früh um **neun Uhr**!«

(Felix Magath auf die Frage nach der Belohnung für die gute Leistung gegen Dortmund)

»Wenn ich natürlich bei meinen **Sechs-Minuten-Einsätzen** bis zur Winterpause **30 Tore** schieße, werde ich vielleicht nicht gehen dürfen.«

(Jan Åge Fjørtoft)

Jan Åge Fjørtoft verabschiedet sich von seinen Fans.

»Der hat eine solche Spannweite, dass ich ihm auch einen Medizinball durch die Beine spielen kann.«

(Jupp Kaczor über seinen Kollegen Bernd Cullmann vom 1. FC Köln)

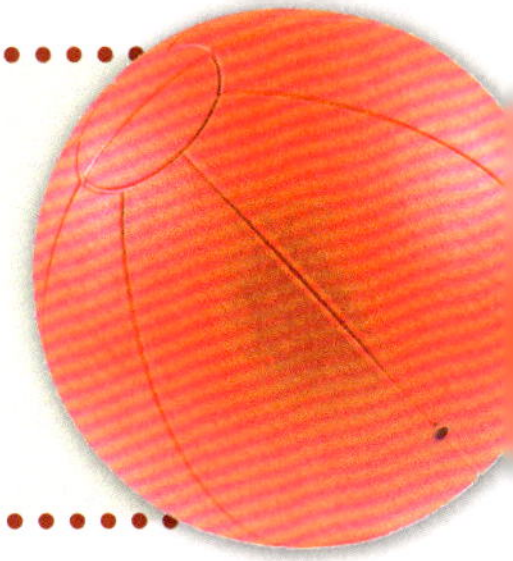

Autogrammkarte von Dieter Eckstein (Saison 1990/91)

Frage an Dieter Eckstein (Thomas G., 6630 Saarlouis): **»Was hältst du von Freikörperkultur?«** Antwort: **»Wenn's FKK nur für Frauen gäbe, wäre ich dafür …«**

»In der Kunst und im Fußballsport ist die **Vollkommenheit** nicht dann erreicht, wenn man nichts mehr hinzufügen, sondern erst dann, wenn man nichts mehr weglassen kann.«

(Dettmar Cramer)

»Mir ist es lieber, für einen Verein zu spielen, bei dem es auch mal Theater **gibt, als für einen Klub wie Unterhaching zu kicken, für den sich keine Sau interessiert.«**

(Jens Keller über seinen neuen Verein)

Autogrammkarte aus der Saison 2002/03

»Unser letzter Sieg ist schon 100 Jahre her.«

(Jan Åge Fjørtoft nach dem Ende einer elfwöchigen Serie ohne Sieg)

»Lebbe geht weider.«

(Dragoslav Stepanovic nach der verpassten Meisterschaft 1992)

»In Frankfurt hat mir **Stepanovic** jeden Tag gesagt, was für ein **schlechter Mensch** ich sei. Aber das bin ich nicht – sonst hätte mich meine Frau doch nie geheiratet.«

(Axel Kruse in Stuttgart)

Der »Kicker« vom 3. Februar 1992

»Im ›Kicker‹ stand über mich, der hatte soundsoviele Oberligaspiele. Damit kann ja keiner mehr etwas anfangen. Da sagen die Leute: ›Oje, noch so'n **Amateur**.‹«

(Erich Ribbeck)

»Heute werde ich keinen **Tee trinken**, sondern einen im **Tee haben.**«

(Felix Magath)

1. Juli 2000: Saisoneröffnung mit Licher

»Dies kann ein Nachteil oder ein Vorteil sein, sowohl für uns als auch für die gegnerische Mannschaft.«

(Erich Ribbeck über die aufgeladene Atmosphäre vor einem Spiel)

Frankfurts Trainer **Klaus Toppmöller** ganz ehrlich: »Ein Spieler muss auf dem Platz eine **Wildsau** sein. Den Kölner Konopka habe ich auch einmal mit der **Faust** niedergestreckt. Der hat nur dummes Zeug erzählt, da bin ich ausgerastet.«

Nach dem 0:0 der Bayern in Frankfurt nimmt **Udo Lattek** kein Blatt vor den Mund. Sein Gegenüber bei der Eintracht, Dietrich Weise, bekommt sein Fett weg: »Früher beim DFB hat er Milch gepredigt und war der Erfinder des sauberen Fußballs – und heute haben die so reingewichst!«

Autogrammkarte von Dietrich Weise

Felix Magath und sein berühmt-berüchtigtes Training

»Jetzt laufen wir mal zügig den Berg hoch. Wir … also, das heißt, du und die beiden Medizinbälle.«

(Felix Magath)

»Wer unter **Magath** trainiert, der freut sich aufs **Sterben**.«

(Reiner Calmund)

»Demnächst werden wir wohl auf Alcatraz unser Trainingslager abhalten.«

(Jan Åge Fjørtoft über Magaths Trainingsmethoden)

»Wenn ich als 48-Jähriger **noch mithalten kann beim Konditionstraining, dann kann ich das auch von meinen Spielern verlangen.«**

(Felix Magath)

»Weil wir so wenig trainieren.«

(Felix Magath auf die Frage, warum seine Mannschaft trotz 28 Saisonspielen so fit sei)

Lauftraining bei der Eintracht, und Magath ist wirklich dabei …

»Magaths Training ist wie ein Zahnarzttermin. Man fürchtet sich vorher, aber danach fühlt man sich besser!«

(Jan Åge Fjørtoft)

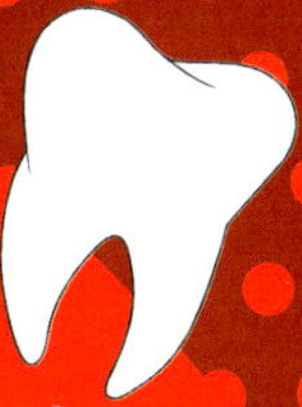

»Die Spieler können so lange **Ostereier** suchen, wie sie wollen. Vor lauter Training werden sie keine finden.«

(Felix Magath)

»Wir verdienen so viel **Geld**, da können wir uns auch mal richtig **auskotzen**.«

(Ralf Weber zur Vorbereitung unter Felix Magath)

Frankfurts Youngster Ralf Weber

Ich will wissen, woran ich bin

Im zerrissenen Kader der Frankfurter Eintracht bildet er einen ruhenden Pol: Ralf Weber kommt mit allen gut aus. Ob er bei der Eintracht bleibt, steht noch in den Sternen. Dort herrscht oft Unruhe.

fenbachers liegen zum einen in seinem ausgeprägten Kopfballspiel, zum anderen in seiner Vielseitigkeit. Weber steht seinen Mann im Deckungszentrum als Vorstopper und wurde schon als Nachfolger von Bundesliga-Rekordspieler Karl-Heinz Körbel gehandelt. Die meisten Spiele bestritt Ralf im defensiven rechten Mittelfeld, meist als „Notnagel" und oft dazu immer dann, wenn Stammspieler Heinz … nicht zur Verfügung

Klaus Gerster zu schaffen machte. Denn der Vertrag von Ralf Weber läuft zum Ende dieser Saison aus und trotz eines „guten Angebotes" (Klaus Gerster) konnte sich Weber noch nicht zu einer Vertragsverlängerung durchringen.

„Es sind noch einige Dinge zu klären." Der 20jährige will sich Zeit lassen mit der Entscheidung, weiß er doch die besseren Karten im Vertragspoker in den eigenen Händen. Andere Angebote aus der Bundesliga liegen vor, Druckmittel, die Weber nutzen will, um seine eigene Position auszubauen.

Ralf Weber geht es in den Vertragsverhandlungen nicht nur ums Geld. Er will wissen, auf welcher Position seine Zukunft bei der Eintracht liegt und in welcher Mannschaft er in der kommenden Saison spielt. „Im Prinzip", sagt er, „würde ich schon gerne bleiben. Aber nicht um jeden Preis." Schon gar nicht als Mittelfeldspieler auf der rechten Seite. Da könne er einfach nicht seine optimale Leistung bringen, ist Weber sicher. Trainer Jörg Berger sieht das ähnlich, ist aber nicht bereit, dem 20jährigen irgendwelche Garantien zu geben.

„Ich stelle die Spieler so auf, wie es für die Mannschaft am besten ist", beharrt Berger. Und dies heißt für Ralf Weber, daß er zumindest bis zum Ende dieser Saison auch weiterhin im rechten Mittelfeld aushelfen muß, wenn Not am Mann ist.

Ralf Weber fällt es unheimlich schwer, dies zu akzeptieren, zumal er durchaus auch weitergehenden sportlichen Ehrgeiz entwickelt. Der hundertprozentige Stammplatz bei der Eintracht sei nur sein erstes Ziel, sagt er, der Sprung in die Nationalmannschaft der große Traum. Ob über die Eintracht oder einen ande-

Ein junger Mann voller Ehrgeiz und großer Träume: Ralf Weber hat sich den Sprung in die Nationalmannschaft zum Ziel gesetzt.

Kommen u

Es scheint, als fand noch immer der Unfriede Platz in Frankfurts Team. Die neuen Spekulationen um Möller (zu Riedle nach Lazio Rom?) reißen nicht ab.

Weil, der Trainer braucht jetzt Spieler mit harten Eiern.

(Jan Åge Fjørtoft auf die Frage, warum er beim nächsten Spiel aufgestellt werden sollte)

Nach der Partie zwischen der Eintracht und den Bayern kommt es in der Saison 1993/94 noch zu einer kleinen verbalen Auseinandersetzung zwischen Toppmöller und seinem ehemaligen Trainer und heutigen Bayern-Coach Erich Ribbeck. Weil Toppmöller vor der Partie bluffen wollte, hatte er Okocha und Mihajlovic zuerst nicht auf dem Spielberichtsbogen stehen. Ribbeck kann über diesen Taschenspielertrick nur müde lächeln: »**Das ist für mich die Abteilung Sandkasten, fünftes bis siebtes Lebensjahr.**« Toppmöller kontert geschickt: »**Das hat der Trainer Ribbeck mir in Kaiserslautern vorgemacht!**«

Bergmann-Sammelbild von Willi Reimann aus der Zeit, als er noch als Spieler aktiv war (Saison 1972/73)

»Dann werde ich wohl meinen Pass wieder rauskramen müssen.«

(Willi Reimann zur Stürmernot)

Autogrammkarte der Saison 2003/04

»Ich wollte gerade anfangen zu schimpfen, weil er den Ball nicht abgespielt hatte – da schlug er auch schon im Dreieck ein!«

(Friedhelm Funkel zum 30-Meter-Tor von Du-Ri Cha in Dortmund)

Toppmöllers Ehefrau Roswitha

hat sich das Vereinsemblem der Eintracht einmal genauer angeschaut und ihren Mann, den Trainer, danach auf eine Idee gebracht. Und so fliegt vor der Partie des 13. Spieltags der Saison 1993/94 gegen den FC Bayern München (2:2) ein **Steinadler** über den Köpfen der Spieler durch den Sitzungsraum. Toppmöller nutzt die angespannte Stille und hält beschwörend eine Rede vor seinem Team: »**Der Steinadler war schon im Christentum das Sinnbild für Wiedergeburt. Guckt ihm genau in die Augen, dann feiern wir heute eine Auferstehung. 75 Kilogramm kann er packen. Das reicht nicht für Lothar Matthäus, er hat 76,2 Kilogramm. Also müsst ihr ihn greifen. Der Adler schwebt in den Lüften, wir sind an der Spitze. Der Adler führt seine Raubzüge am Tag durch, zieht sich dann in seinen Horst zurück. Wir jagen Samstag für Samstag die Beute und ziehen uns zwischendrin zurück. Ich will, dass ihr die Gegner so seht wie ein Adler – von oben. Der Schreiadler soll die Bundesliga sein, die über unsere Erfolge zetert. Den Kaiseradler hole ich, wenn wir die absolute Krönung geschafft haben: die Deutsche Meisterschaft 1994!**«

Zu diesem Zeitpunkt stand die Eintracht tatsächlich auf Platz 1, den konnte man allerdings nicht halten, bis zum Saisonende fiel die Eintracht auf Platz 5.

Sky-Moderatorin Esther Sedlaczek interviewt Attila.

»Einmal war mein Knöchel so **dick**, die Schmerzen so **groß**, dass ich wirklich nicht spielen konnte. Lorant nahm mich zur Seite: ›Charly, kannst du **essen** mit **Zahnschmerzen**?‹ Als ich nickte, stand für ihn fest: ›Also kannst du auch **spielen** mit **Schmerzen im Knöchel**.‹ **Ich habe tatsächlich gespielt.**«

(Charly Körbel)

Charly Körbel

»Die Spieler, die sich für kritische Worte **taub stellen**, die dürfen sich nicht wundern, wenn man sie eines Tages auch für **blind hält**.«

(Jupp Heynckes)

»Ich muss kein **Deutsch** sprechen. Es reicht, wenn ich die Sprache des **Fußballs** spreche.«

(Theofanis Gekas)

Festschrift zum 60-jährigen Jubiläum der Eintracht

»Es kann im Fußball noch so viel passieren, der eine fällt aus dem Bett und verletzt sich und der andere sieht einen Blitz, obwohl er nur einen Donner gehört hat.«

(Willi Reimann)

Eintracht-Keeper Jürgen Pahl ist eigentlich kein Mann der großen Worte. Doch seitdem er für eine Immobilien- und Anlageberatungsgesellschaft arbeitet, wirbt er in der Frankfurter Stadionzeitschrift vollmundig: »Schießen Sie kein Eigentor, kommen Sie zu mir, ich berate Sie gerne!«

Juli 1986: Training der Eintracht auf dem Werksgelände des Sponsors Höchst AG, von links: Ralf Sievers, die Torhüter Hans-Jürgen Gundelach und Jürgen Pahl sowie Andy Möller

»Meine größte Schwäche ist meine Unfähigkeit, **Nein** zu sagen. Meine Frau hat es mal so erklärt: ›Dettmar, wenn du ein weibliches Wesen wärst, dann wärst du schon längst keine Dame mehr!‹«

(Dettmar Cramer)

Als die Spieler im Januar auf der Bielefelder Alm nicht antreten wollen, weil der Boden durchweg gefroren und über und über mit Sand voll gehäuft war, greift Trainer **Friedel Rausch** ganz tief in die mentale Trickkiste: »**Stellt euch einfach vor, ihr hättet einen grünen Rasen vor euch!**«

»Kicker« vom 8. Oktober 1979

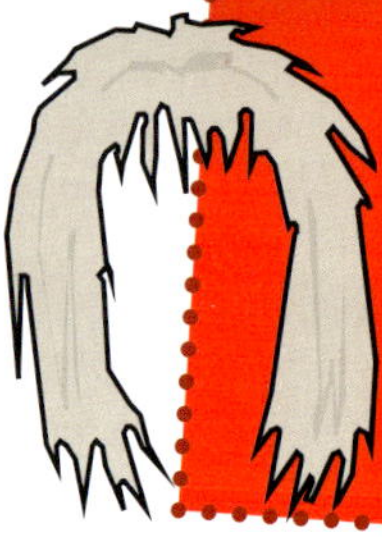

»Wenn ich bleibe, will ich einen **Fünfeinhalb-Jahres-Vertrag**, damit ich noch im neuen Stadion auflaufen kann. Dann spiele ich hier, **bis ich lange, graue Haare habe.**«

(Jan Åge Fjørtoft zu seinem Plan, den Verein in der Winterpause zu verlassen)

»Bei uns wird auf dem Platz zu wenig gesprochen. Das könnte an der **Kommunikation** liegen.«

(Erich Ribbeck)

»Hatte merr am Schluss Niederlaach errunge.«

(Dragoslav Stepanovic)

3. Juni 1978: Dragoslav Stepanovic, Udo Klug und Trainer Dettmar Cramer (von links)

»Bei mir muss der **Bügel** im Kleiderschrank zur Farbe meines **Hemdes** passen.«

(Dettmar Cramer)

»Manchmal habe ich gedacht, dass die anderen gedopt sind und unsere Spieler Schlafmittel eingenommen haben.«

(Peter Fischer nach einem 2:2 gegen Saarbrücken)

»Das war europäische Weltklasse!«

(Felix Magath)

Als die Eintracht noch europäische Weltklasse verkörperte: Gewinn des UEFA-Pokals 1980

»Der Castro ist ja auch müde dann und wann, man kann nicht immer revolutionär sein.«

(Jan Åge Fjørtoft)

Vor dem Spiel in Frankfurt in der Saison 1981/82 sagt Werder-Trainer Otto Rehhagel: »Das ist die Eintracht, hier kann man **2:0** gewinnen oder aber auch **acht Treffer einfangen**.« Am Ende heißt es **9:2** für Frankfurt.

»Vielleicht ist es in Frankfurt möglich, zwischen zwei Trainingseinheiten drei Stunden Tennis zu spielen, in München aber bestimmt nicht.«

(Uli Hoeneß über den unsoliden Norbert Nachtweih)

»Rada spielt lässig **bis** fahrlässig.**«**

(DSF-Kommentator Jörg Dahlmann)

Autogrammkarte von Karel Rada im Trikot der tschechischen Nationalmannschaft

Starschnitt
Dragoslav Stepanovic

Frage eines Reporters: **»Was wäre, wenn Sie bei Bundesligaspielen statt eines Anzugs einen Trainingsanzug tragen müssten?«**
Antwort: **»Dann würde ich nur schwitzen, weil ich mich wie im Training fühlen würde.«**

Nachdem Norbert Nachtweih Stepanovic einmal als »**Blender**« und »**Arschloch**« tituliert hatte, meint die Sportpresse, den Grund für Nachtweihs Rauswurf bereits gefunden zu haben. Doch der Trainer setzt in einem Gespräch mit der »Sport Bild« noch einen oben drauf: **»Er ist es nicht wert, über ihn zu sprechen. Nur so viel: Ich sah ihn zwei-, dreimal vormittags mit roten Augen. Nachtweih hatte eine Fahne – da war ich schon vom Riechen besoffen.«** Das saß!

Dabei ist es Stepanovic tatsächlich egal, wie ihn die Spieler beleidigen. Denn duzen dürfen sie ihn alle. »**Du Arschloch oder Sie Arschloch ist dasselbe**«, meinte der Trainer pragmatisch und zog verschmitzt an seinem Zigarrillo.

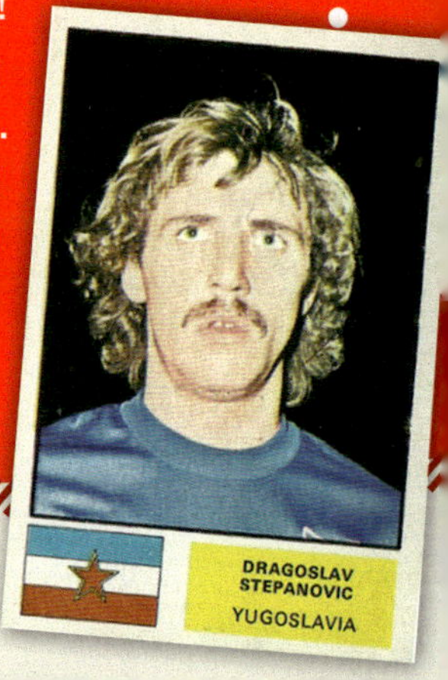

Sammelbild von Stepi bei der jugoslawischen Nationalmannschaft

Mit **Uli Stein** verbindet Stepanovic zu der damaligen Zeit eine Art Hass-Liebe. Als der Torwart ihm »**Ahnungslosigkeit**« vorwirft, kontert der Trainer: **»Es interessiert mich nicht, was der babbelt. Der ist so aufgeladen und erzählt Scheiße. Normalerweise muss ich ihn umbringen. Aber dann sehe ich seine Leistung und bekomme so ein großes Herz.«**

Seinen offensichtlich lustlos agierenden Eintracht-Profis Gründel, Kruse, Sippel und Studer ruft der Coach nur hinterher: **»Wenn ich sehe, wie die laufen – das kotzt mich an!«** Und dem sensiblen Möller rät er: **»Du musst dich wehren. Ich kann dir nicht mehr helfen. Soll ich jedes Mal zu Kruse gehen und ihn schlagen, wenn er was zu dir gesagt hat?«**

»Der sieht beim Spiel immer so aus, als würde er sich freuen, dass er keinen Eintritt zahlen muss.«

(Jörg Wontorra)

»Ich habe ihn beim Warmmachen beobachtet. Er war heiß.«

(Felix Magath)

»Wenn du nichts triffst, dann bist du überzeugt davon, dass du nichts triffst. Und dann triffst du wirklich nichts.«

(Christoph Daum zur Ladehemmung seines Stürmers Theofanis Gekas)

Trainer Dietrich Weise sagt vor der Saison 1974/75 den entscheidenden Satz: **»Wir müssen eben abwarten, bis Beckenbauer mal nachlässt, schwächer wird, dann können auch wir und die anderen Mannschaften Deutscher Meister werden. Beckenbauer ist gleich Bayern!«**

Und dieser Zeitpunkt ist tatsächlich gekommen.

»Sie muss ab der 50. Minute so spielen, wie bis zur 50. Minute.«

(Friedhelm Funkel auf die Frage, was die Mannschaft im Spiel in Berlin gegenüber der Auftaktniederlage gegen Leverkusen verbessern muss)

»Der Stumpfsinn des **Trainingslagers** ist für mich eine unerträgliche **Pein**.«

(Frankfurts Torwart Dr. Peter Kunter)

Dr. Peter Kunter auf dem Cover des »Kicker«

94 1DM

kicker sportmagaz

DEUTSCHLANDS GRÖSSTE SPORTZEITUN

Eintracht-Not geht nicht auf Kunters Kappe

Länderspiel-Ausgabe

Neuer Starschnitt: Netzer

Erster Punkt in diesem Heft

Dr. Peter Kunter (Eintracht Frankfurt)

September 1974: die Eintracht im Trainingslager

Es ist sicherlich das ungewöhnlichste Eigentor eines Torhüters in der Bundesligageschichte. Als Frankfurts **Jürgen Pahl** am 16. Spieltag der Saison 1982/83 in Bremen den Ball abwerfen will, sieht er im letzten Moment, dass sein Adressat Ralf Falkenmayer gar nicht mehr zu ihm zurückschaut, sondern nur nach vorne. Doch der Keeper kann den abgebremsten Schwung nicht richtig kontrollieren. Pahl driftet mit dem ganzen Körper Richtung Boden ab, und **die Kugel kullert aus seiner Hand – ins Tor hinein**. Die Spieler von Werder Bremen jubeln verhalten, aber mit einem Lächeln auf dem Gesicht, und im Kasten steht ein verzweifelter Eintracht-Torwart. Bereits nach drei Spielminuten ist die Partie vorentschieden. Am Ende gewinnt Werder mit 3:0. Pahl hat sich zur Halbzeit auswechseln lassen. Trotzdem versucht er sich die spektakuläre Aktion im Nachhinein mit einem lockeren Spruch schönzureden: »**Solche Eier passieren nur großen Torhütern.**«

Es ist wohl ***das*** *Eigentor eines Torhüters überhaupt, leider nur auf wenigen Fotos festgehalten….*

Das Ding mit Daum

»Jeder Wetterbericht ist aussagekräftiger als ein Gespräch mit Heynckes. Der soll lieber Schlafmittel verkaufen.«

(Christoph Daum)

Die **Eintracht** entlässt ihren **Trainer Michael Skibbe**. In der Rückrunde der Saison 2010/11 läuft nicht mehr viel zusammen. Dabei hatte Geschäftsführer Heribert Bruchhagen in der Winterpause noch getönt: »**Wir sind Siebter, und es wäre dumm, wenn wir nicht versuchen würden, Fünfter zu werden. Absteigen können wir nicht mehr. Wir müssen die Gunst der Stunde nutzen.**« Eine glatte Fehleinschätzung der Lage. Aber auch Coach Skibbe gibt im Abwärtsstrudel keine besonders glückliche Figur ab. Nach Frankfurts 0:0 gegen Kaiserslautern sagt er: »**Ich bin nicht ratlos. Ich bitte zu entschuldigen, wenn ich so wirken sollte.**« In seiner Not verpflichtet Heribert Bruchhagen entgegen dem Rat vieler Kollegen Christoph Daum. Besonders Uli Hoeneß ist erstaunt und erschrocken über Bruchhagens Aktion: »**Da muss irgendwie ein Pulver im Kaffee der Bundesliga gewesen sein, allgemein. Und er hat vielleicht auch etwas da drin gehabt.**«

Autogrammkarte von Michael Skibbe (2010)

Bei den Fans wirkt die Verpflichtung Daums eher humoristisch: **»Wenn der Daum seine Linie durchzieht, hat Frankfurt im Abstiegskampf die Nase vorn.«** Medial profitiert die Eintracht jedoch von Daums Engagement. Bereits die erste Pressekonferenz gerät zu einem öffentlichen Großereignis. Über 50 Fotografen, zehn Kamerateams und zirka 100 Journalisten notieren Sätze Daums wie diese: **»Es geht jetzt 25 Stunden am Tag um die Eintracht«**, **»Die Familie steht jetzt erst einmal hinten an. Ich habe zu Hause Bilder von mir aufgestellt. Die kann meine Frau angucken, solange ich nicht da bin«** und **»Der Kopf spielt im Fußball eine wichtige Rolle. Wenn er funktioniert, ist der Kopf wie ein drittes Bein«**. Nach dem Abstieg sagt Christoph Daum noch einen interessanten letzten Satz: **»Ich bin in der Zeit etwas gescheiter geworden, aber nicht gescheitert.«**

Schlagzeile der »Bild«

1977/78: Dettmar Cramer geht vom FC Bayern nach Frankfurt und Gyula Lorant wechselt von der Eintracht nach München. Und das ausgerechnet zwei Tage nach dem direkten Aufeinandertreffen der beiden Mannschaften im Waldstadion. Artig schreit Cramer noch an diesem Tag wild gestikulierend auf Zuruf von Fotografen seinem Spieler Hoeneß etwas zu: »**Geh, Uli, geh los, ab geht die Post.**« Doch angesichts des aussichtslosen Spielstands von 0:4 sackt er danach in sich zusammen und schickt leise einen seiner legendären Lieblingssätze hinterher: »**Aus einem traurigen Hintern kommt eben kein fröhlicher Furz mehr.**« Cramer wird entlassen, noch bevor der Deal mit Frankfurt ins Laufen kommt.

Die »Kicker«-Ausgabe zum sensationellen Trainertausch

Der »Kicker« von 23. September 1991

Trainer Dragoslav Stepanovic über den Werder-Coach Otto Rehhagel: »**Er ist mir unsympathisch, weil ich Leute nicht mag, die auch reden, wenn sie nicht gefragt sind.**«

»Der Mann hat Stallgeruch.«

(Reiner Calmund über Dragoslav Stepanovic)

»Jörg Berger hätte sogar die Titanic gerettet.«

(Jan Åge Fjørtoft)

»Sieht so aus, dass die Titanic doch leichter zu retten gewesen wäre als die Hansa-Kogge.«

(Jörg Berger nach dem Abstieg mit Hansa Rostock in Anspielung auf Fjørtofts Aussage)

»Ob Felix Magath die Titanic gerettet hätte, weiß ich nicht – aber die Überlebenden wären topfit gewesen.«

(Jan Åge Fjørtoft)

Frankfurts scheidender Interimstrainer **Horst Heese** ist ernüchtert: **»Wenn ich noch einmal Trainer in der Bundesliga wäre, ich würde nie mehr ehrlich sein.«**

»Wenn der Schiedsrichter in der 90. Minute so einen Elfmeter pfeift, dann muss man sagen: Prost Mahlzeit, Fußball. Es ist unglaublich, mit welcher Arroganz solche Leute zu Werke gehen. Als Aufsteiger hat man bei den Schiedsrichtern immer wieder die Arschkarte gezogen. Ich weiß, das gibt eine Geldstrafe. Schiet wat drauf – ich habe gespart.«

(Willi Reimann)

»Der Cramer, wenn er so dasteht, den halten S' doch nie für einen Fußballtrainer. Er ist ein klasse Kerl, aber er sieht aus wie ein Hochschullehrer, ein Kernphysiker oder ein U-Boot-Kapitän. Der hatte einen Weltklasse-Vortrag vom Fachlichen her, aber wenn ich ihn seh, hab ich ein Armutsgefühl. Acht Pfund Papier braucht der für seine Taktik, und die Klosterschwestern beten für ihn. Zu mir ist noch nie ein Pastor gekommen, Herr Merkel: Wir beten für Ihren Erfolg.«

(Max Merkel)

Dettmar Cramer steigt aus einem U-Boot, vielleicht lag Max Merkel gar nicht so falsch?

»Wir können nur noch die Tafel verkaufen – das Silber haben schon unsere Vorgänger verkauft.«

(Volker Sparmann)

»Wir haben ein paar sehr schnelle junge Spieler da. Und ich bin alt und nicht ganz so schnell …«

(Jan Åge Fjørtoft über seine Chancen bei der norwegischen Nationalmannschaft)

Auch Uli Hoeneß kommt mal zu spät:

»Bei einem Nachwuchslehrgang in Duisburg erzählte mir Berti Vogts von einem Andreas Möller. Um den sollte ich mich mal kümmern. Das war Sonntag. Bis ich am Montag die Telefonnummer herausbekommen hatte, war es schon Nachmittag. Ich rief an, doch Andreas Möller erzählte mir, dass er eine halbe Stunde zuvor einen Vertrag bei Eintracht Frankfurt unterschrieben habe.«

Poster aus dem »Jugend Kicker«

Panini-Karte zur WM 1990

Panini-Sammelkarte zur WM 1994

»Wenn alle, die ich in meinem Leben schon umdribbelt habe, eine Kerze in den Händen halten, haben wir eine Lichterkette von Mainz bis Hamburg.«

(Ansgar Brinkmann)

»Exzentrische Spieler sind eben nicht so diszipliniert. Es gibt Leute, die können auf einem **Klavier spielen, andere müssen es tragen**.«

(Ansgar Brinkmann)

Starschnitt

Bernd Hölzenbein

Bernd Hölzenbein fällt im gegnerischen Strafraum. Schiedsrichter Walter Eschweiler eilt umgehend zum gestürzten Eintracht-Profi und beugt sich zu ihm hinunter:

»Bernd, stehen Sie schnell wieder auf. Das sitzt noch nicht richtig, das müssen wir noch einmal üben!«

»Der Fußballer Hölzenbein ist kein Unterhaltungskünstler im Sinne des Showgeschäfts. Dazu verkaufe ich mich viel zu schlecht. Wenn das die Tendenz des modernen Fußballs sein sollte, bin ich für diesen Job absolut ungeeignet. Ich könnte nie wie Pelé nach allen Seiten Kusshändchen verteilen. Zudem dürfte ich dann wohl nicht so unterkühlt auf Torerfolge reagieren, wie dies meine persönliche Art ist.«

(Bernd Hölzenbein über sich selbst im Jahr 1977)

Bernd Hölzenbein baut vor für die Zukunft: An der berühmten Hauptwache in Frankfurt eröffnete er eine Boutique für Freizeit-Moden. Einer seiner ersten Kunden war Weltmeister-Kollege Grabowski, der hier von Bernd und Jutta Hölzenbein nach seinen Wünschen gekleidet wird. Man sieht, es "paßt"!

»Man braucht Hölzenbein nur scharf anschauen, dann fällt er schon auf den Rasen.«

(FCB-Trainer Udo Lattek nach dem Pokalhalbfinale 1974 der Bayern gegen Frankfurt)

»Das beste Ergebnis dieser WM: Ich hoffe, meinen Platz auf der Reservebank erfolgreich verteidigt zu haben.«

(Zur WM 1978 in Argentinien)

»Früher war man als Kind bei Schlägereien auch zu Hause stärker als in Nachbars Garten.«

(Über Frankfurts Auswärtsschwäche)

»Unser Training war so geheim, dass wir manchmal selbst nicht zuschauen durften.«

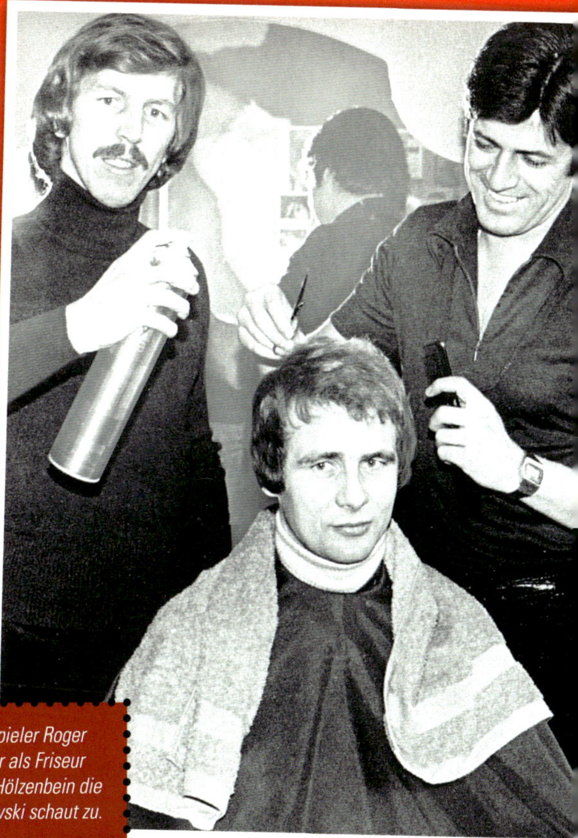

Februar 1977: Schauspieler Roger Herbst arbeitet wieder als Friseur und schneidet Bernd Hölzenbein die Haare, Jürgen Grabowski schaut zu.

»Sie machen sich Gedanken, wie sie **Tore bejubeln**, und nicht, wie man ein **Tor schießen** kann.«

(Felix Magath)

»Die Hamburger spielen ein tolles 1-5-5-System. Aber nicht von hinten nach vorne, sondern von links nach rechts.«

(Gyula Lorant)

In Frankfurt glaubt man vor der Saison 1973/74 an den Titel. »Zehn Zentimeter trennen uns noch von einer Spitzenmannschaft«, sagt Achaz von Thümen, Präsident der Eintracht. Doch im Laufe der Spielzeit muss er einsehen, was noch fehlt: »Unser Problem heißt nicht, wie packen wir die Bayern, sondern wie schlagen wir Fortuna Köln.« Ausgerechnet in der entscheidenden Phase der Meisterschaft verlieren die Frankfurter nämlich mit 3:2 bei der Fortuna.

D 2753 E

FRANKFURT Eintracht Club 20.000

Die Sportzeitung von Eintracht Frankfurt e. V. Nr. 7 / 19. Juli 1977

Meisterschaft im Visier

Pokalspiel in Konstanz

17 Uhr

»Malteser-Kreuz«

Dauerkarten

»Früher war es Hitlerjugend und jetzt ist es korrekt!«

(Jan Åge Fjørtoft über die Methoden von Trainer Horst Ehrmantraut)

»Schön war es auch im Herbst, als ich unter Magath nach zehn Monaten in der Wüste, ohne Wasser und fast ohne Kleider, es geschafft habe, wieder zu alter Klasse zu finden.«

(Jan Åge Fjørtoft)

»Fußball könnte so schön sein, wenn nicht dauernd **was Blödes passieren würde**.«

(Armin Veh)

Im März 2004 kann sich Trainer Willi Reimann nicht beherrschen.

Bei der 0:2-Niederlage in Dortmund regt er sich nach einer Gelb-Roten Karte gegen seinen Spieler Henning Bürger so sehr auf, dass er den Schiedsrichter-Offiziellen Thorsten Schriever zweimal wegschubst. Reimann erhält daraufhin eine Sperre von fünf Spielen für den Innenraum.

Uli Stein reißt sich gerade noch einmal zusammen. Eintracht Frankfurt hat in der letzten Partie der Saison 1991/92 bei Hansa Rostock die Meisterschaft verspielt, und Andreas Möller hat, wie Stein in seinem Buch »Halbzeit. Eine Bilanz ohne Deckung« schreibt, über neunzig Minuten »völlig abseits« gestanden. Der Torwart der Eintracht spart nach der verlorenen und alles entscheidenden Begegnung nicht an deutlichen Worten: **»Er kann oder will kein Spiel herumreißen. Er macht sich nicht kaputt. Er kämpft zu wenig.« Und er fällt schließlich ein – für alle Eintracht-Fans – bitteres Fazit: »Jetzt überkommt mich die Gewissheit, dass wir das Spiel in Rostock gewonnen hätten, wenn er nach einer Stunde ausgewechselt worden wäre. Jeder Reservespieler ist balltechnisch zwar schlechter, hätte sich aber die Lunge aus dem Leib gerannt.«**

Zogen nicht immer an einem Strang: Andreas Möller, Uwe Bein, Manfred Binz und Torwart Uli Stein

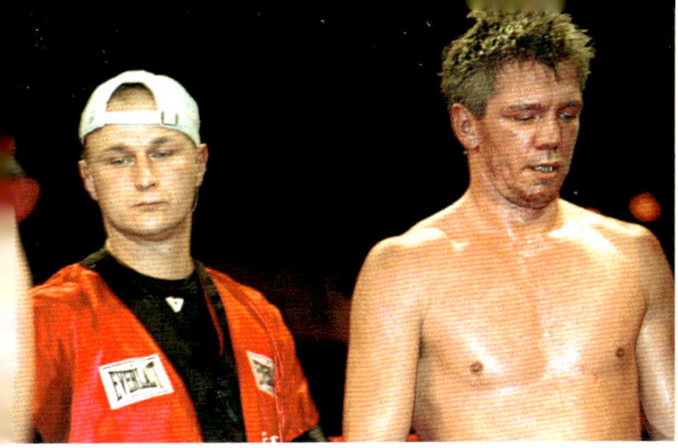

Februar 2001: Graciano Rocchigiani (rechts) und Axel Kruse – der Konditionstrainer von »Rocky«

In der Mannschaft hat es – trotz aller Erfolge – schon lange vor dieser letzten Partie der Saison gebrodelt. Eintracht-Stürmer Axel Kruse liefert sich einige Wochen zuvor in der ersten Halbzeit des Heimspiels gegen den 1. FC Köln auf dem Platz ein erbittertes Rededuell mit Andreas Möller. Es gipfelt in Kruses kernigem Ausspruch: **»Halt die Fresse.«** *Der junge Frankfurter Mittelfeldspieler läuft daraufhin postwendend und mit heruntergezogenen Mundwinkeln zu Dragoslav Stepanovic und verpetzt den blonden Eintracht-Stürmer beim Trainer. In der Kabine steigert sich schließlich der Lärmpegel zwischen den beiden Kontrahenten, und die Aggressivität, die die Mannschaft auf dem Platz über 45 Minuten vermissen ließ, droht sich in einer handfesten Auseinandersetzung zu entladen. Erst die wieder einmal unmissverständlichen und deutlichen Worte von Axel Kruse an die Adresse des beleidigten Möller lassen Ruhe einkehren:* **»Halt die Fresse, du Penner. Dein Geheule kotzt mich an.«**

SPORT

Boxen

„Der Typ ist mir zu glatt"

Interview mit Fußballer Axel Kruse über die Promi-Gesellschaft am Ring und das Schicksal der Straßenkämpfer

Kruse, 28, Profi beim VfB Stuttgart und nach einer Rempelei gegen Schiedsrichter Hans-Joachim Osmers für zehn Wochen gesperrt, bekennt sich auch außerhalb des Fußballplatzes zu seiner Leidenschaft, dem Boxen.

Freunde Rocchigiani, Kruse: „Mit viel Herz"

SPIEGEL: Herr Kruse, in der Bundesliga wurden Sie vorvergangenen Freitag erst fünf Sekunden vor dem Abpfiff eingewechselt, tags darauf wurde Ihr Freund Graciano Rocchigiani von Henry Maske besiegt. Ist die Zeit der Straßenkämpfer im Sport vorbei?

Kruse: Es war wohl nicht unsere Woche. Ich glaube schon, daß Sportler wie Rocky und ich, also Sportler mit Ecken und Kanten und viel Herz, noch gefragt sind. Außerdem ist Rocky kein Straßenkämpfer, sondern ein exzellenter Boxer.

SPIEGEL: Nach dem Weltmeisterschaftskampf von München, den Sie in der Prominenten-Loge erlebten, steht ganz Deutschland aber geschlossen hinter dem Techniker Henry Maske.

Kruse: Daß Maske jetzt wieder gefeiert wird, hat er doch nur Graciano zu verdanken. Wenn der nicht das Boxen hochgehalten hätte, wäre Maske nie zu dem geworden, der er heute ist. Und die Begeisterung für den letzten Kampf hat doch Rocky entfacht, nicht der Maske. Ich mag den Typ nicht, er ist mir zu glatt.

Weltmeister Maske
„Der sagt nur, was man von ihm erwartet"

SPIEGEL: Da sind Sie sich mit Rocchigiani einig, der Maske einen Anpasser genannt hat.

Kruse: Na, das ist er doch auch. Der Rocky ist ehrlich. Der gibt auch zu, daß er Drogen genommen hat, Maske sagt doch nur, was man von ihm erwartet.

SPIEGEL: Er hat Erfolg damit. Die Hallen sind voll, die feine Gesellschaft drängelt sich am Ring.

Kruse: Diese angeblichen Künstler wollen doch nur ins Fernsehen. Ich warte nur noch darauf, daß die sich prügeln, um ins Bild zu kommen. Die haben doch vom Boxen keine Ahnung.

SPIEGEL: Woran haben Sie das feststellen können?

Kruse: Hella von Sinnen zum Beispiel. Die saß in München neben mir und ist beim Kampf fast eingeschlafen. Und Rennfahrer Michael Schumacher hat auf die Frage, ob er mitgepunktet habe, treuherzig erklärt, er schlage seine Frau nicht. Oder Michael Stich. Der hat erkannt, im Vergleich zu Tennis sei Boxen irgendwie anders. Mensch, ist der schlau. Bisher habe ich gedacht, er hätte Abitur.

SPIEGEL: Wäre Boxen ohne diese Stars nicht eine Randsportart?

Kruse: Mag sein, ich halte diese Schleimer trotzdem nicht aus. Im Münchner VIP-Raum haben die sich doch schon wieder aufgeregt, daß Rocky vor dem Kampf die Kameras der Fotografen weggetreten hat. Dabei war er doch noch friedlich, ich hätte denen gleich eine geballert.

SPIEGEL: Woher beziehen Sie Ihre Boxkompetenz?

Kruse: Ich wollte als kleiner Junge zum Boxen, aber meine Mutter hat es nicht erlaubt. Später habe ich in der DDR bei den Amateuren zugeschaut, Kämpfern wie Ulli Kaden oder Jürgen Fanghänel. Die große Begeisterung aber kam erst nach der Wende, als ich die Profis sehen konnte. Bei den Amateuren wird mir zu viel geballert, zu wenig taktiert.

SPIEGEL: Was fasziniert Sie am Profiboxen?

Kruse: Da stehen sich zwei gegenüber, fast nackt, ohne Hilfe. Es gibt keine Ausreden, Boxen ist einfach geil.

SPIEGEL: Das nächste Ereignis dieser Art findet am 9. Dezember in Stuttgart statt, wenn Axel Schulz gegen den Südafrikaner François Botha um den Schwergewichtstitel kämpft. Wird man Sie dort, trotz Ihrer Vorbehalte gegenüber der Szene, wiedersehen?

Kruse: Ich hoffe. Zu Maske-Kämpfen werde ich wohl nicht mehr gehen, den Schulz aber finde ich sympathisch, der kämpft mit Herz. Aber wahrscheinlich sind dort wieder so viele Promis, daß ich keine Karten kriege.

SPIEGEL: Können Sie sich keine kaufen?

Kruse: Doch, und das will ich auch tun. Allerdings haben wir an dem Tag die Klub-Weihnachtsfeier vom VfB. Aber ich glaube, da muß der Nikolaus ohne mich auskommen. ┘

212 DER SPIEGEL 43/1995

Interview mit Axel Kruse zum Thema Boxen im »Spiegel« (1995)

»Heute habe ich sicher so viel Unterstützung wie **LEONID BRESCHNEW** früher bei den Sowjet-Wahlen!«

(Jan Åge Fjørtoft im »Aktuellen Sportstudio«, nachdem er das Siegtor gegen Bayern München geschossen hatte)

»Nein, ein Denker bin ich bestimmt nicht. Ich kann im entscheidenden Moment dann doch nicht schweigen.«

(Erich Ribbeck)

»Ich habe mit Erich Ribbeck telefoniert, und er hat zu mir gesagt, **ich stehe für die Malta-Reise nicht zur Verfügung**.«

(Andreas Möller)

Der »Kicker« vom 15. März 1993

»Ich würde Helmut Kohl gerne einmal kennenlernen. Der wird genauso oft angefeindet wie ich. Aber da habe ich wohl keine Chance, weil der Bundeskanzler ja schon Berti Vogts adoptiert hat.«

(Dragoslav Stepanovic)

Sammelbild von Stepi aus seiner Zeit bei Athletic Bilbao (1995/96)

»Die Kabine ist so groß, deshalb muss man hier ein bisschen lauter reden.«

(Felix Magath auf die Frage, ob er in der Halbzeitpause laut geworden ist)

Karlsruhes Supertalent Mehmet Scholl

ist wechselwillig, kann sich aber einfach nicht entscheiden: **»Ich weiß abends nicht, was ich machen soll. Mal bin ich sicher, dass ich zur Eintracht gehe. Dann kommt ein Anruf, dann will ich zu Bayern, dann wieder Frankfurt, dann wieder Bayern. Das habe ich jetzt schon fünfmal umgeschmissen. Es ist nicht einfach, damit klarzukommen. Es geht so weit, dass ich schon lieber unterwegs bin als zu Hause. Ich hänge immer öfter das Telefon aus.«** Seine Freundin Susanne Pfannendörfer ist bei der Entscheidungsfindung leider auch keine gute Hilfe: **»Sie ist ein bisschen verliebt in Stepi. Aber sie sagt, dass München die schönere Stadt ist.«**

Wären beinahe in Frankfurt gelandet: Mehmet Scholl und seine damalige Freundin Susanne

Starschnitt

Jay-Jay Okocha

Es ist der Treffer der Saison 1993/94. Frankfurts Jay-Jay Okocha spielt mit der gesamten Abwehr des KSC Hase und Igel. Sat.1-Reporter Jörg Dahlmann lässt sich in der »ran«-Sendung über das Tor in epischer Breite aus: »So, liebe Zuschauer, und jetzt stehen Sie in Ruhe auf, damit Sie keinen Herzschlag bekommen. Stellen Sie den Ton Ihres Fernsehers lauter, kommen Sie nahe an den Monitor heran – und genießen Sie. Bein. Okocha. Geht er? Okocha, Jay-Jay Okocha. Immer noch. Jay-Jay Okocha. Noch ein Dreher, noch einer – und drin! Da reißt er sein Trikot vom Leib, tanzt noch einen Samba fürs ausflippende Publikum. Ekstase im Waldstadion! Das haben wir seit Libuda nicht mehr erlebt. Das ist das Beste, was der Fußball bieten kann. Oh, wie ist das schön, oh, wie ist das schön! Liebe Zuschauer, die Zeit für meinen Bericht ist zwar abgelaufen, aber egal. Sollen sie mich rausschmeißen. Ich zeige Ihnen die Szene bis zum Umfallen. Toll, dieser Jay-Jay Okocha, wie er hier Kahn aussteigen lässt. Dann ist es Reich und auch noch Bilic. Dann versucht sich auch noch Lars Schmidt. Was soll's! Drin ist der Ball! Klasse! Mannomann, ist das eine tolle Szene gewesen! Komljenovic. Uwe Bein. Hätte allein schon schießen können. Schön gesehen – und da ist er, Jay-Jay Okocha.«

»I I am am J J« aus dem Jahr 1994 ist sogar auf Vinyl erschienen

… und auf CD

»Beckenbauer, Baresi, Kohler – alle Liberi und Manndecker der Welt hätten hier stehen können. Sie wären allesamt von ihm ausgetanzt worden! Ich weiß nicht, wie es Ihnen ergeht, liebe Zuschauer, mir zittern die Knie hier noch vor Begeisterung. Ich sehe jetzt das Tor zum sechsten, zum siebten, zum achten Mal – und dann dieser Samba! Das war's, liebe Zuschauer. Tolle Szenen hier im Waldstadion. Drei zu eins für Frankfurt. Eine geniale Schlussphase. Und anschließend genießen wir noch diesen Umreißer von Maurizio Gaudino mit Jay-Jay Okocha …« Hinterher wird Okocha in aller Schlichtheit sein Tor so beschreiben: **»Ich habe das Loch gesucht!«**

Panini-Karte von 1995

Panini Premium Card von 1995

»Am besten, man kommt gar nicht erst in seine Nähe.«

(Frank Mill über die Kunststücke des Frankfurters)

»Um was soll ich mir alles Gedanken machen?
Ich habe hier genug zu tun und mittlerweile sechs Kinder.«

(Felix Magath zum Dopingskandal bei Juventus Turin)

Eintracht-Trainer Ribbeck (links) mit OFC-Trainer Gyula Lorant im Februar 1973

»Konzepte sind Kokolores.«

(Erich Ribbeck)

»Reimann ist stil- und respektlos. Er hat nicht die Größe, einen Topmann an seiner Seite zu haben, er duldet keine Götter neben sich.«

(Klaus Gerster)

»Der Abstieg trifft sicher eine Mannschaft, die noch gar nicht damit rechnet.«

(Friedel Rausch, kurz bevor er mit Nürnberg abstieg und die Eintracht sich rettete)

»Ich bin immer offen für Kritik, nur sie muss **konstruktivistisch** sein.«

(Michael Skibbe)

»Wenn ich Bernd Ehinger das nächste Mal begegne, hat er nur eine Wahl: Nämlich, ob ich ihm zuerst in **das rechte oder das linke Auge spucke**.«

(Gaetano Patella ist sauer über seine Demission als Eintracht-Schatzmeister)

Torwart Uli Stein erzählt, dass er bereits seit 1979 mit einem tauben Finger spielt. Nach einem doppelten Sehnenriss konnte ihm kein Mediziner mehr helfen: **»Die Ärzte haben mir gesagt: ›Wenn der kleine Finger Sie stört, nehmen wir ihn ab.‹ Aber lieber einen krummen Finger als keinen.«** Im Spiel muss er den kleinen Finger an den Ringfinger tapen. Die einzig mögliche Variante, aber auch eine mit Tücken: **»Bei Schüssen oder Flanken kommst du manchmal nur mit den Fingerkuppen an den Ball. Das ist so, als wenn Boris Becker einen Ball nur mit dem Rahmen seines Tennisschlägers erwischt.«**

Stadionheft vom 15. Februar 1992 zum Spiel gegen den 1. FC Köln

Uli Stein und Anthony Yeboah auf dem Cover des Magazins »Sports« (März 1993)

»Gut, dass ich nicht so pessimistisch bin, sonst hätte ich mir schon das Leben genommen.«

(Friedel Rausch nach einem schlechten Saisonstart)

»Ich habe mich als kleiner Spieler bis in die Nationalelf gekämpft und als kleiner Trainer von Salmrohr bis in die Bundesliga.«

(Klaus Toppmöller)

Starschnitt

Jan Åge Fjørtoft

»Ich habe das erst für Kritik an meiner Person gehalten. Alle sagen immer, dass ich langsam sei. Deshalb dachte ich, die Fans wollten mich zum Rennen animieren.«

(Zu einem Plakat mit der Aufschrift ***»Fjørtoft darf nicht gehen«****)*

»Wenn man zurückschaut, freut man sich nur noch, ich kann mich gar nicht mehr erinnern, dass es bei Magath hart war, aber ich glaube schon.«

»Branco tanzt und ich grätsche. Das ist der Unterschied zwischen **Kamerun und Norwegen.**«

»Hat es so ausgesehen, als ob ich das könnte? Ich glaube nicht …«

(Über seinen »Löwentanz-Jubel« nach einem Siegtreffer gegen Bayern)

»Ich sterbe aus.«

(Über den Verlust der Typen in der Bundesliga)

»Ich hoffe, dass bei der Eintracht endlich einmal Ruhe einkehrt. Aber das ist so wahrscheinlich, wie dass Elvis in Stabaek rockt!«

(Jan Åge Fjørtoft)

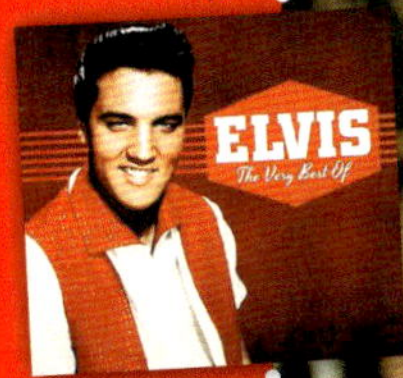

November 1998: Jan Åge Fjørtoft im Duell mit Dortmunds Julio Cesar

»Ich halte nix von Sex vor dem Spiel, besonders weil ich mir das Zimmer mit Salou teile.«

(Jan Åge Fjørtoft)

»Wenn ich einen Traum frei hätte, wäre es: **Eintracht Frankfurt ist unabsteigbar**. Als erste Maßnahme wird Fjørtoft dazu verpflichtet, in jedem Spiel mindestens fünfmal vor herausstürmenden Torhütern den Übersteiger zu spielen. Ab Januar spielen Rivaldo und Beckham für die Eintracht. Die angespannte finanzielle Situation treibt den beiden die Tränen in die Augen und sie sind bereit, ehrenamtlich tätig zu werden.«

(Finanzminister Hans Eichel)

»Dann lebe ich in Oslo, spiele immer noch Fußball und bin immer noch so langsam …«

(Auf die Frage, was er mit 85 Jahren machen werde)

Viel Zeit, sich etwas für seine Karriere als Trainer abzuschauen, hat der Rekord-Bundesligaspieler Charly Körbel. Und er hat einige Charaktere in seiner Laufbahn erlebt, die ihn unterschiedlich geprägt haben: **»Dietrich Weise hatte uns bei großer Hitze vor einem Spiel gegen Karlsruhe verboten, ins Schwimmbad zu gehen. Er selbst wurde dort von drei Spielern ›erwischt‹.«**

Ein anderer war der ›schöne Erich‹: **»Erich Ribbeck achtete gewaltig auf Disziplin. Damals mussten wir abends früh zu Hause sein. Ich kam mit Raimund Krauth eine halbe Stunde zu spät aus dem Kino, da stand Ribbeck schon in der Telefonzelle vor meiner Wohnung, fing mich ab und verpasste mir eine saftige Geldstrafe.«**

Leider erzählt Charly Körbel nicht, ob er weiß, wo sich der ehemalige Schalker diese Marotte vielleicht selbst abgeschaut haben könnte: **»Friedel Rausch las uns bei jeder Mannschaftsbesprechung aus einem dicken Buch vor. Einmal wurde er ans Telefon gerufen, da haben wir in das Buch reingeschaut: Die Aufzeichnungen über den Gegner bestanden nur aus weißen Blättern.«**

»Ich muss mich laufend entscheiden, ob ich die **richtigen oder die falschen Spieler** mit zur EM nehmen soll.«

(Erich Ribbeck als Bundestrainer)

»Ja, bis morgen früh um acht.«

(Felix Magath nach einem großen Sieg auf die Frage, ob er seiner Mannschaft jetzt frei gebe)

»Einige müssen ihre Bauchmuskeln trainieren, obwohl sie nicht mal wissen, was das ist. Wenn wir die trainieren, kommen sie am nächsten Tag an und meinen, sie haben was mit dem Blinddarm.«

(Willi Reimann über den Trainingseifer seiner Spieler)

»Toppmöller kommt gut an. Bei den Schlauen und bei den Doofen.«

(Reiner Calmund)

»Wir haben heute nur eine Chance mit der vollen Unterstützung des Schi … äh der Zuschauer.«

(Karl-Heinz Körbel)

»Ich denke, dass ich auch jemand bin, den man sehr gut anfassen kann.«
(Andreas Möller)

Als Andreas Möller kurz vor seinem Transfer zu Juventus Turin

1992 immer noch alle Wechselabsichten abstritt, platzt bei Uli Stein endgültig der Kragen: **»Er hat uns, den Verein und die Fans, wie bereits zuvor Borussia Dortmund, das ganze Jahr hindurch verarscht mit seinen Lügen und Intrigen.«**
Mannschaftskamerad Heinz Gründel war sich – trotz aller Möller'schen Treueschwüre zur Eintracht – vorher bereits sicher gewesen, dass der Mittelfeldspieler zur neuen Saison im Lire-Paradies spielen würde: **»Darauf würde ich sofort 100.000 Mark setzen. Doch ich finde kein Wettbüro, das die Wette annimmt.«**

Der Frankfurter Wirt Salomon bietet in seiner Gaststätte »Zur Waldbahn« Wetten an.

»Ich kann nur mit den Mädchen tanzen, die auf der Kirmes sind.« *(Trainer Klaus Toppmöller über sein Spielermaterial)*

»Wir gehören zu den *reichsten* Vereinen der Bundesliga!«

(Schatzmeister Rainer Leben)

»Ich will den Diva-Charakter meines Vereins erhalten, und zwar mit allen negativen Eigenschaften.«

(Präsident Rolf Heller)

»Das ist das Problem in Frankfurt: Hier muss einer nur dreimal mit dem Hintern wackeln, und schon ist er ein guter Spieler.**«**

(Jupp Heynckes)

»Das ist so, als ob man ständig mit sechs Bällen jonglieren muss. Und dauernd werden die Bälle heißer.«

(Volker Sparmann, Aufsichtsratschef, zu den Lizenzproblemen)

Medizinballtraining gab es auch unter Jupp Heynckes im Januar 1995.

»Es wird nicht ganz zur Routine, weil ich ja mittlerweile auch **die Mütter gewechselt** habe!«

(Felix Magath auf die Frage, ob Geburten ab dem fünften Kind schon zur Routine werden)

Na ja, ich sehe heute noch diesen Roland Koch, den Stuttgarter Co-Trainer, in unserem Mannschaftshotel in Rostock. Der ist mir direkt über den Weg gelaufen. Ich kann Ihnen sagen:

Dem habe ich einen Tritt in den Hintern verpasst, dass mir heute noch der Fuß wehtut.

(Dragoslav Stepanovic über die verpasste Meisterschaft 1992)

»Durch unsere Reihen konnte man locker mit einem Lkw fahren und bequem drehen.«

(Klaus Toppmöller)

»Ich will, dass ihr geil seid.«

»Der neue Heilsbringer bläst seinen Profis die Köpfe frei.«

(»Hamburger Morgenpost«, als Klaus Toppmöller als HSV-Trainer vorgestellt wurde)

Ralf Falkenmayer hat einmal ganz ohne Hemmungen von seinen ersten Gehversuchen in Sachen Liebe erzählt. Die Geschichte vom Kennenlernen seiner Freundin Antonietta beweist, dass hartes Agieren auf dem grünen Rasen und kuscheliges Parieren auf der heimischen Couch sehr wohl zusammengehen:

Ralf Falkenmayer und seine Verlobte Antonietta im März 1985

»Ich traf sie vor rund fünf Jahren bei Bekannten meiner Schwester. Ich erinnere mich noch gut: Ich sah sie, schaute ihr die ganze Zeit tief in die Augen – und brachte keinen Ton raus. Zwei Jahre später – ich war Antonietta wiederholt in der U-Bahn nach Bornheim-Mitte begegnet – trafen wir uns im Schwimmbad wieder, in dem ich ausgebildet wurde. Da fasste ich mir ein Herz und sprach sie an. Wir verabredeten uns, und seitdem gehen wir und wohnen wir miteinander. Ich bin eben in der Beziehung ein Spätzünder.«

Juli 1970: Trainer Erich Ribbeck gibt den Startschuss zur neuen Saison und die Spieler sprinten los.

»Muss ich das jetzt als Frage verstehen oder die Antwort so beantworten, wie Sie sie in Ihre Frage reingelegt haben? Sie haben Ihre Frage so gestellt, dass ich das Gefühl haben muss, als wenn ich das, was Sie gerade gesagt haben, vorher schon gesagt hätte. Das habe ich aber nicht gesagt. Dem, was ich gesagt habe, möchte ich nichts hinzufügen.«

(Erich Ribbeck)

»Er ist mal **Kumpel** und mal **Schweinehund**.«

(Reiner Calmund über Klaus Toppmöller)

»Melken Sie doch mal 'ne Kuh, die keinen Euter hat.«

(Friedel Rausch über seine Mannschaft)

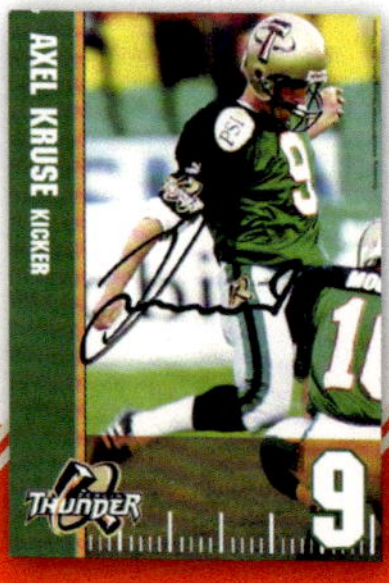

»Beim Football muss man nicht ins Tor schießen, sondern oben drüber. **Das konnte ich schon immer ganz gut.«**

(Axel Kruse)

Schalke schnappt Frankfurt in letzter Minute den Dänen Bent Christensen weg – und das kam so, wie sich Schalkes Präsident Günter Eichberg erinnert: »Bent hat in dem Jahr Eintracht Frankfurt und Bayer Leverkusen im Alleingang durch sechs oder sieben Tore aus dem UEFA-Cup geschossen. Er war begehrt bei vielen europäischen Vereinen, bei denen bestimmt viel mehr Geld da war als bei Schalke 04. Durch geschickte Taktirerei und viele Gespräche, die wir da geführt haben in Kopenhagen, ist es uns gelungen, denen allen eine lange Nase zu zeigen. Ich kann mich noch genau daran erinnern, dass wir einen Vertrag hatten, den Bernd Hölzenbein bereits fix und fertig für Eintracht Frankfurt ausgehandelt hatte. Wir sind dann selbst nach Kopenhagen gefahren und haben genau diesen Vertrag in der Nacht mit den Leuten von Bröndby im Hotel durchgearbeitet. **Überall dort, wo Eintracht Frankfurt stand, haben wir Schalke 04 hingeschrieben, und weil die Frankfurter nur Ratenzahlung machen wollten, haben wir das durchgestrichen und Barzahlung hingeschrieben**. Und was soll ich sagen: Das hat denen von Bröndby wohl irgendwie gefallen!«

Wenn mich mal ein Gegenspieler nervte, drohte ich ihm mit Werner. Nach dem Motto: **Ich hetz den Lorant auf dich. Schon war Ruhe**.

(Bernd Hölzenbein)

»Es war von vornherein klar, dass Leverkusen die stärkere Mannschaft ist. **Wir haben derzeit niemanden, der gegen Neuville hätte spielen können – außer mir vielleicht**.«
(Felix Magath)

»Manchmal ist es ja so: Je mehr Prügel man kriegt, desto enger rückt man im Familienkreis zusammen.«
(Erich Ribbeck)

»Fußball gut, alles gut.«
(Anthony Yeboah)

Thomas Schaaf beim Heimspiel gegen Freiburg (1:0) im August 2014

»Ich kann nicht viel falsch machen. Ich hole den Würfelbecher raus und ermittele so die Spieler, die ich in der Abwehr aufbiete.«
(Klaus Toppmöller angesichts von Verletzungsproblemen)

»Ob Dreierkette, Viererkette oder Perlenkette – ganz egal, Hauptsache erfolgreich!«
(Thomas Schaaf auf seiner Antrittspressekonferenz als Eintracht-Trainer)

Michael Köcher und Heinz Kühne produzieren gemeinsam mit dem Sänger Christian Fuchs den Song **»Meine Diva vom Main«**. Anlässlich des möglichen Titels ist die Platte bereits vor dem entscheidenden Spiel in Rostock mit dem Aufkleber **»Eintracht Frankfurt Deutscher Meister 1992«** versehen. Manager Gerster möchte das Lied zunächst nicht zulassen, da es bei einem Testpublikum nicht gut ankam. Viele empfinden die Textzeile **»Mach ihn rein / meine Diva vom Main / zeig mir, dass es bei uns funkt / treib mich zum Höhepunkt / mach ihn rein«** schlicht zu obszön. Der Song erscheint trotzdem. Genau wie eine Sonderpostkarte für den neuen Deutschen Meister – der am Ende allerdings doch nicht Eintracht Frankfurt, sondern VfB Stuttgart heißt.

»Ich stehe morgens dafür auf, Tore zu schießen.«

(Edgar Schmitt)

»Ich hab hier unterschrieben, weil ich den Traum vom Titel in mir trage …«

(Klaus Toppmöller)

»Andere Leute haben rote und weiße Blutkörperchen, ich habe lauter kleine Fußbällchen im Blut.«

(Klaus Toppmöller)

»Diese Frage ist selbst auf Deutsch schwer zu beantworten.«

(Erich Ribbeck als Bundestrainer auf die Frage einer englischen Journalistin, wie man den deutschen Fußball bis zur Euro 2000 verbessern könne)

»Das ist doch immer wieder dasselbe: **Da treten manche Spieler nur einmal in der Saison in Erscheinung – auf dem Mannschaftsposter ganz zu Beginn der Saison.**«

(Karl-Heinz Feldkamp)

»Die Kugel hat ihr Eigenleben: Der eine Ball ist dumpf, der andere Ball hat ›Musike‹ in sich. Darum symbolisiert der Fußball eine Beständigkeit in der Unbeständigkeit. Er ist das Symbol für den wunderbaren Zufall, den der Mensch zu beherrschen sucht.«

(Dettmar Cramer)

»Der war spitz wie Lumpi, nur er hat Tor nicht gefunden. Und dann er ist in der Abseitsfalle gekommen.«

(Dragoslav Stepanovic über Maurizio Gaudino)

Maurizio Gaudino mit seiner Frau und Hund beim Spaziergang …

Kleiner Junge in einer Fragerunde zu Maik Franz:

»Ich heiße Max und bin sechs Jahre alt. Meine Frage ist, ob du noch was anderes gut kannst außer Fußball.«

Franz:

»Ob ich noch was anderes gut kann? Klar, ich kann mehrere Sachen gut, m-äh-ee, hahaha, das ist eine gute Frage! Ähhhhh, jetzt werde ich selber rot, das ist gut. Na, ja, klar, also … ts … ts … gut!«

»Wenn ihr nach oben kommen wollt, müsst ihr auch mal **Gauner und Schlitzohren** sein.«

(Trainer Gyula Lorants Tipp an seine jungen Talente)

»Mauri bräuchte in der Türkei kein Auto: Techniker wie ihn würden sie auf Händen tragen.«

(Christoph Daum über Maurizio Gaudino)

21. September 1982: Training der SG Eintracht Frankfurt unter Trainer Branko Zebec (Bildmitte)

»Der Vorteil von Trainern wie Branko Zebec und Ernst Happel war ihre kuriose Sprache. Die Spieler mussten sich stark konzentrieren, um zu verstehen, was sie meinten. Deshalb kam ihre Botschaft so gut rüber.«

(Felix Magath)

»Fußball ist heute **nicht nur Technik**, sondern **vor allem Zweikampf**.«

(Anthony Yeboah)

»Stepi ist ein sensibler Mensch, dem nicht die Herzlichkeit entgegengebracht wird, die er liebt. Er hatte das Image des Bierzapfers. Bei Niederlagen wird das schnell wieder aus der Schublade herausgezogen. Das nimmt ihn mit.«

(Wolfgang Steubing, Mäzen des Frankfurter Fußballs, über Dragoslav Stepanovic)

»Ich bin der meistgehasste Spieler der Bundesliga. Ich bin mit Sicherheit kein Unschuldslamm. Ein Typ, der dazwischenfegt und Zeichen setzt. Wie mein Vorbild Stefan Effenberg.«

(Maik Franz)

Die Saison 1988/89

ist noch keine 75 Minuten alt, da gibt es bereits den ersten großen Aufreger. Frankfurts Keeper Uli Stein verlässt nach dem 1:0 durch Bayerns Klaus Augenthaler das Spielfeld und lehnt sich an die Werbebande. Schiri Witke zögert keine Sekunde, eilt zum Torwart und zeigt ihm die Gelbe Karte. Stein applaudiert, sieht daraufhin die Rote Karte und ist verzweifelt: **»Ich habe nichts gesagt!«** Und Schiedsrichter Witke: **»Wir sind dazu angehalten, den Regeln Geltung zu verschaffen!«** Irritiertes Staunen allenthalben. Nur Eintracht-Trainer Kalli Feldkamp findet schnell die Worte wieder: **»Ich glaube nicht, dass der Schiedsrichter wegen der Hitze so schlecht gepfiffen hat. Denn dann dürfte er ja nie mehr pfeifen, wenn die Sonne scheint!«** Und ZDF-Kommentator Thomas Hermann rundet das Gesamtbild über den Mann in Schwarz noch ab: **»Schiedsrichter Kurt Witke, in dessen linker Brust noch immer ein Regelheftchen die Gefühle beherrscht.«**

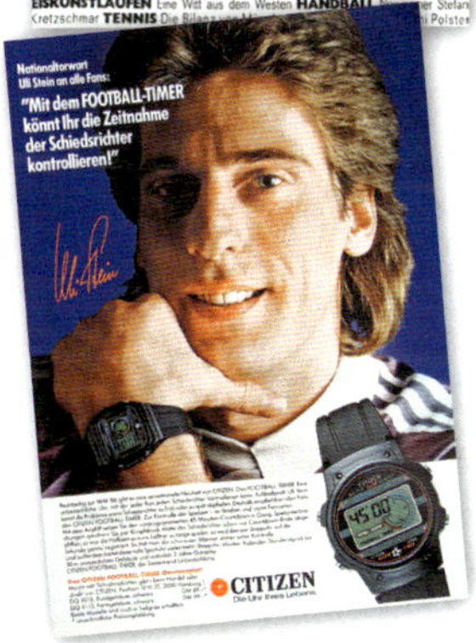

Starschnitt
Andreas Möller

»Das kommt noch.«

(Auf die Frage, warum er es trotz vieler Erfolge nie zum Weltstar gebracht habe)

»Das ist eine Deprimierung.«

»Wer sein böses Image weg hat, kann strampeln wie ein Maikäfer auf dem Rücken. Keiner hilft einem auf die Beine. Dabei bin ich doch ein **ganz normaler Junge**.«

»Hoffentlich wird er nur für ein Spiel gesperrt.«

(Nach einer Gelb-Roten Karte für seinen Gegenspieler nach einer Schwalbe von Möller)

Teurer als die Beene von Marlene

Die Beine der Dietrich waren mit 1,8 Millionen Mark versichert. Die von Andreas Möller sind 9,5 Millionen wert. Wer zahlt eigentlich wieviel für wen?

Andreas Möller als „Blauer Engel". Seine echten Beine sind die teuersten der Liga.

kicker-Montage

»Mein Problem ist, dass ich immer **sehr selbstkritisch** bin, **auch mir selbst gegenüber**.«

»Endlich seid ihr die Schwuchtel los.«

(Campino zum Dortmunder Konzertpublikum nach Andreas Möllers Wechsel zu Schalke 04)

»Nein, das machen wir nicht. Das machen wir wieder rückgängig.«

(Schmunzelnd verkündete Reaktion von Schalkes Routinier Olaf Thon auf die Verpflichtung von Andreas Möller)

Farbenfrohes Fotoshooting im August 1991: Andreas Möller (li.) mit seiner Freundin Michaela und Uwe Bein und seiner Ehefrau Sabine

»Möller hat mit seinem Berater bei uns um mehr Geld gepokert, gleichzeitig gesagt, er stünde bei einem anderen Klub im Wort. Dann hat er offenbart, dass er nach Schalke gehen will. **Wir haben ihm nicht gesagt, dass er bekloppt ist. Aber gedacht haben wir es schon.«**

(Michael Meier)

»Das ist Andy Möller, der bald eine Tochter erwartet.«

(Jörg Dahlmann)

»Nenn sie doch BERTA – nach deinem Freund BERTI!«

(Deutsche Nationalspieler auf die Nachricht von Möller, dass seine Frau bald eine Tochter erwarte)

»Wenn **aus einem Golfloch** auf dem Klubgelände des Präsidenten **Öl sprudelt**, könnte es sein, dass wir da tätig werden. Aber damit ist nicht zu rechnen.«

(Felix Magath zur Chance auf hochkarätige Neuverpflichtungen)

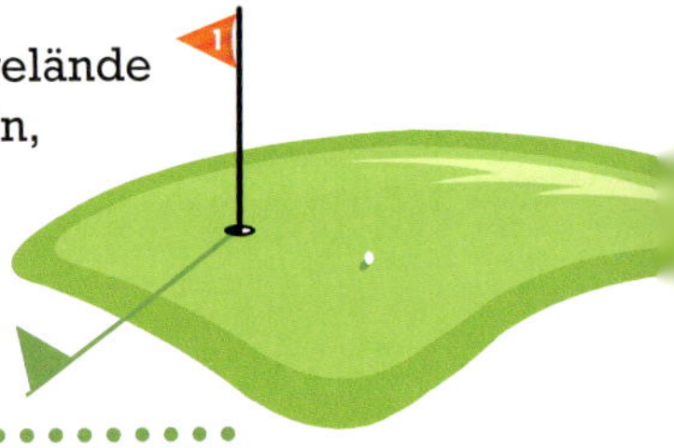

»Wenn man das Spiel heute sieht, hat man einiges gesehen.«

(Erich Ribbeck)

»Wer anderen auf unfaire Weise ein Bein stellt, macht sich dabei immer auch die Hände schmutzig.«

(Erich Ribbeck)

»Wir backen kleine Brötchen. Aber viele machen auch satt.«

(Friedel Rausch)

»Bundesliga ohne Eintracht ist wie Kaffee ohne Bohnen.«

(Enttäuschter Fan nach dem zweiten Abstieg)

»Für mich war es wichtig zu sehen, dass ich **konditionell mithalten** konnte.«

*(Axel Kruse nach einem **13-Sekunden-Einsatz** auf die Frage, ob sich die Einwechselung eigentlich gelohnt habe)*

»Wenn ich ihm sein linkes Bein wegnehme, fällt er einfach um, weil kein rechtes Bein da ist.«

(Gyula Lorant)

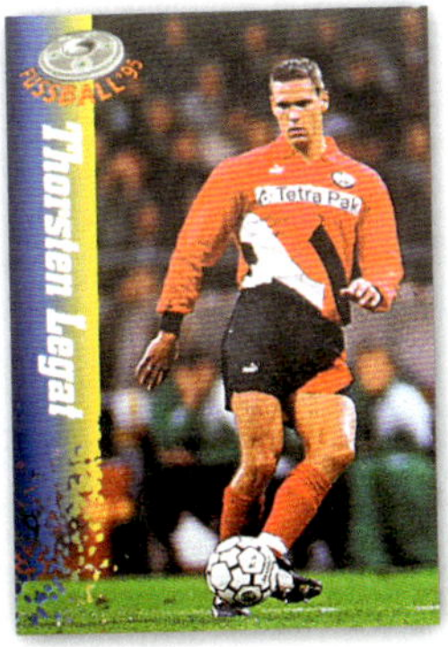

»Immer die Castroper Straße rauf.«

(Thorsten Legat im »Aktuellen Sportstudio« auf die Frage, wie er in jungen Jahren in Bochum zum Bodybuilding gekommen sei)

»Je länger das Spiel dauerte, desto kürzer wurden die Beine.«

(Rudi Bommer)

Starschnitt

Friedhelm Funkel

»Generell gilt:
Spieler, die sich zu viele Gedanken machen, vergessen, dass Fußball ein ganz einfaches Spiel ist.«

»Vielleicht fällt ja noch einer vom Baum. Dann halten wir das Netz darunter und fangen ihn auf.«

(Über die Suche nach neuem Personal)

»Das kostet viel Geld. Da kann ich mir im Sommer wieder einen Spieler weniger leisten.«

(Nach Fanrandale)

»Der Sieg war hoch verdient. Dabei haben wir noch nicht einmal **Beton** angerührt.«

»Ich kann die Leute ja nicht mal mehr schwimmen gehen lassen.«

(Zur Verletzungsmisere seiner Mannschaft)

»Wer jetzt noch **träumt**, ist ein **Träumer**.«

»Wir haben uns **dilettantisch wie eine Schülermannschaft** angestellt, wobei ich nichts gegen Schüler habe.«

Zu Uerdinger Zeiten hat Friedhelm Funkel einmal in einem Werbefilm mitgespielt: Der bärtigste Trainer der Liga als Superman. Strenger Scheitel, und die Hoden unter den roten Shorts eng zusammengedrückt. »Natural Born Winners« haben sie damals den Klassiker der Kinospotwerbung genannt. Funkel musste dafür nicht nur die ihm auf den Leib geschriebene Paraderolle Superman, sondern auch den charmanten Humphrey Bogart geben. Mit einem schicken Hut auf dem Kopf und einem Trenchcoat um die Lenden sagt er dann auch den berühmten Satz »Schau mir in die Augen, Kleines« zu einer völlig elektrisierten Blondine.

»Ich habe früher auch Elfmeter gegen Leute geschossen, die ich **1.000 Jahre** kannte.«

(Nachdem sein Spieler gegen einen alten Bekannten verschossen hatte)

Trainer Friedhelm Funkel gut gelaunt in weiblicher Begleitung anlässlich der Karnevalssitzung der Kölner Haie (Februar 2009)

Als die Eintracht 1992 im letzten Saisonspiel in Rostock die Meisterschaft endgültig versaut hat, reagiert der Frust bei den Spielern. In der Kabine fliegen die Flaschen umher. Sie sind aus Glas. Stürmer Axel Kruse nimmt da lieber Reißaus und geht vor der Tür eine rauchen. Als er gerade in Gedanken genüsslich an seiner Zigarette zieht, kommt Schiri Alfons Berg um die Ecke. Er hatte kurz vor Ende der Partie **einen Elfmeter an Ralf Weber nicht gepfiffen**. Nach der Meinung von Axel Kruse und aller Beobachter im Stadion war das der **»klarste Strafstoß, den ich je in meinem Leben gesehen habe«**. Verständlicherweise sind die Eintracht-Stars nicht gut auf den Schiri zu sprechen. Doch Berg hat mittlerweile Fernsehen geschaut und seinen Fehler eingesehen. Das sagt er Kruse und meint noch: **»Ich gehe jetzt in eure Kabine und entschuldige mich!«** Der Eintracht-Stürmer grinst nur, legt eine Hand auf des Schiris Schulter und sagt: **»Alfons, ganz ehrlich, ich glaube, das ist keine gute Idee.«** In diesem Moment hören die beiden, wie wieder eine Flasche an der Kabinenwand zerspringt. Berg tritt erschrocken zurück, senkt den Blick gen Boden und verschwindet ohne ein weiteres Wort.

Das Buch zur Trauma-Verarbeitung

Starschnitt
Willi Reimann

»Wenn ein **Ochse schreit**, schreien die **anderen mit**.«

(Zu »Reimann raus!«-Rufen nach der Niederlage in Bremen)

»Da macht sich die **Gehaltserhöhung bezahlt**.«

(Über seinen Anzug beim Bundesligaauftakt, den er gegen den Trainingsanzug aus vergangenen Zweitligajahren getauscht hatte)

»Sollen Spieler, die in Gran Canaria am Strand liegen, für uns die Kastanien aus dem Feuer holen?«

(Über die Gerüchte, Eintracht Frankfurt sei an einer Verpflichtung von Andreas Möller und Miroslav Stevic interessiert)

»Schlecht eingekauft.«

*(Über die Neuzugänge Hertzsch und Amanatidis, die in **ihrem ersten Spiel für die Eintracht die Tore zum 2:1-Sieg** erzielten)*

Mai 2003: Trainer Willi Reimann genießt zum Aufstieg ein großes Bier.

Starschnitt

Anthony Yeboah

»Anthony hat innerhalb der Woche auch andere Termine, wo er längere Zeit sitzt.«

(Frank Pagelsdorf auf die Frage, warum Torjäger Yeboah nur auf der Bank saß, in Anspielung auf dessen Gerichtsverhandlung)

»Yeboah blieb heute sehr blass.«

(Henry Vogt)

»Da hilft nur:

Bein aufsägen und Jahresringe zählen.«

(Otto Pfister, deutscher Trainer in Afrika, über das Alter von Anthony Yeboah)

»Blöd an meinem Job:

Ich muss arbeiten, wenn auf NDR 2 Fußball läuft.«

Nürnberg unterliegt zu Hause gegen Eintracht Frankfurt mit 1:5. Zwei Tore steuert Anthony Yeboah bei, der in der Form seines Lebens ist. Der Nürnberger André Golke verneigt sich vor dem Frankfurter:

»Normal darf so einer nicht spielen – das ist WETTBEWERBSVERZERRUNG!«

»Soll ich etwa ein **Lagerfeuer** im **Wohnzimmer** machen?«

(Auf die Feststellung des »Kicker«, er wohne »wie ein deutscher Musterbürger«)

»Wäre ich kein Star, müsste ich mich auch verprügeln lassen. Ich möchte in Deutschland nicht um Asyl bitten müssen.«

»Gegen Ausländerfeindlichkeit hilft wohl nur, dass jedes Team einen erstklassigen Afrikaner hätte. Wer dann ›Nigger, raus!‹ brüllt, schadet automatisch auch seiner Mannschaft.«

»Yeboah ist nicht auszurechnen, nicht zu halten. Die Fallen, die man ihm stellt, erkennt er alle schon sehr früh. Da ist kein Kraut gewachsen.«

(Friedel Rausch)

»Ich wollte den Ball treffen, aber der Ball war nicht da.«

(Zum Nachtreten gegen Michael Schulz)

»Wir schämen uns für alle, die gegen uns schreien.« Dieses Zitat stammt aus einem offenen Brief aus dem Jahr 1990 in der »Bild«, verfasst von Anthony Baffoe, Souleyman Sané und Anthony Yeboah. Seit Juni 2014 ziert nun das Konterfei Yeboahs mit diesem Zitat eine Hauswand in Frankfurt Niederrad. Die Idee dazu stammt von Matthias Weinfurter.

© by www.stadtkindfrankfurt.de (Roberto Zambotti)

Karl-Heinz Körbel auf die Frage nach dem schönsten Moment seiner sportlichen (!) Laufbahn:

»Als ich meine Frau Margarete kennengelernt habe«.

Gyula Lorant liebt seine Eintracht-Spieler offensichtlich heiß und innig: **»Es geht nicht, dass in solchen Spielen Trinklein als langsamster Spieler der Bundesliga ganz alleine hinten bleibt.«** Und weil damit ja bisher nur einer, eben Trinklein, öffentlich niedergemacht wurde, hier noch eben schnell der komplette Rundumschlag: **»Wenn einige meiner Spieler nicht spuren, schmeiße ich sie raus!«** Oder das Präsidium wirft lieber gleich den Trainer raus. Am 30. November 1977 ist es schließlich so weit, und Lorant wird erlöst von seinen widerwilligen Profis in Frankfurt – und darf sich ab sofort mit den netten Spielern des FC Bayern rumplagen!

„Vogelfrei" auf einem Baum hockt Frankfurts entlassener Libero Gerd Trinklein und harrt der Dinge, die da kommen sollen. Er fragt sich: Wo ist ein Platz für einen Mann, mit der Erfahrung aus 175 Bundesligaspielen?

»Mecker nicht! **Früher in Offenbach musstest du mit Bowlingkugeln kicken!«**

(Betreuer Toni Hübler im Training zu Ralf Weber, als der neue Bälle forderte)

Horst Heldt, Friedhelm Funkel und Felix Magath beim Skatturnier im August 2013

»Ich weiß ja nicht, ob Sie das Spiel schauen oder **währenddessen Karten spielen**.«

(Felix Magath zu einem TV-Kommentator)

»Erich Ribbeck ist vom Fußball so weit weg **wie die Erde vom Mars**.«

(Werner Lorant)

»Ich bin vorsichtig geworden mit hochfliegenden Plänen – sie verschwinden leicht in den Wolken.«

(Andreas Möller)

»Für Yeboahs starken Oberarm mussten wir eine neue Kapitänsbinde herstellen lassen.«

(Charly Körbel über Anthony Yeboah)

»Was da im Internet zwischen 22 Uhr und halb eins von Halbakademikern betrieben wird, ist unsäglich und desaströs, denen sollte man ein ›Kicker‹-Managerspiel schenken, aber aus dem Profifußball sollten sie sich raushalten.«

(Heribert Bruchhagen)

»Als Fjørtoft 1999 den 1. FC Nürnberg mit mir als Trainer in die 2. Liga geschossen hat, hätte ich ihm am liebsten das Bein abgehackt.«

(Friedel Rausch)

»Montag, Dienstag, Mittwoch, Donnerstag …«

(Dragoslav Stepanovic auf die Frage eines Reporters, was die kommende Woche bringe)

Frankfurts Trainer Dragoslav Stepanovic 1993 im Trainingslager auf Gran Canaria.

»Erfolg tut nur der haben, der **hart arbeiten tut**.«

(Klaus Toppmöller)

»Ich glaube nicht, dass der Verein mir Steine in den Vertrag legt.«

(Thorsten Legat zu eventuellen Wechselproblemen)

»Resignation ist der Egoismus der Schwachen.«

(Jörg Berger)

Starschnitt

Uwe Bein

»Die **Zuschauerrolle** ist die schwierigste Rolle **für einen Spieler**.«

»Wir wollen einfach schöne Sachen machen. Doppelpass und so.«

(Über sein Verhältnis zu Andy Möller in der Nationalmannschaft)

»Den Begriff **›GESUNDE HÄRTE‹** – den muss mir mal einer mit Logik erläutern …«

»Mit Effenbergs **›Schnauze‹**, wie manche sein Mundwerk nennen, hätte ich schon 90 Länderspiele!«

»Der macht nicht mal beim Essen den Mund auf.«

(Franz Beckenbauer)

»Wir brauchen wieder Spieler, die Gras fressen. Und wenn es sein muss, rohes.«

(Jürgen Friedrich)

»Mit all **den Steinen**, die mir heute **vom Herzen gefallen** sind, kannst du ein **neues Stadion bauen**.«

(Präsident Peter Fischer nach einem Sieg)

»Abseits ohne Not – **das war unser Tod**!«

(Jörg Berger)

»Gott sei Dank hat er sich die Nägel nicht geschnitten.«

(Gerd Rubenbauer nach einer Glanzparade von Andreas Köpke)

»Also wenn die was nehmen, von der Pille hätte ich auch gern eine. **Oder liegt es am Ebbelwoi?**«

(Marcel Reif wundert sich über die gute Stimmung der Frankfurter Fans beim Spielstand von 0:4 gegen Bayern München.)

»Mich hat es gestört, dass man von denen, die man aus dem Dreck gezogen hat, nachher auch noch mit Dreck beworfen wird.«

(Felix Magath über seine Ex-Vereine)

Weltmeister Jürgen Grabowski und seine Freundin Helga Reuter bevorzugen im Sommer 1974 Aktivurlaub, hier in moderner Tenniskleidung.

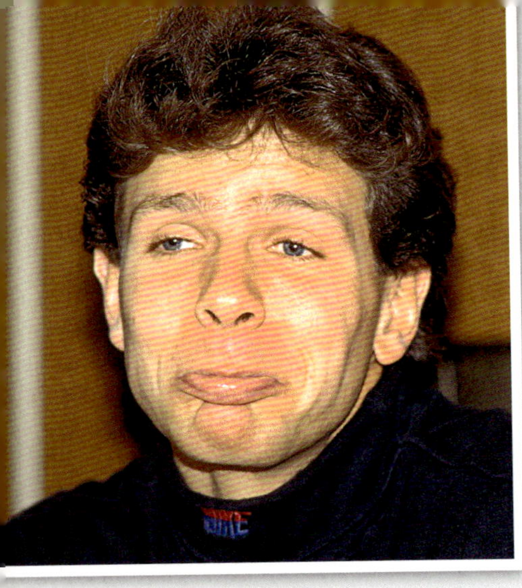

Mit Andreas Möller beginnt eine neue Ära im deutschen Profifußball. Spieler werden extra für die Medien geschult. Ende November 1987 bekommt Möller von seinem Rechtsanwalt ein Fax: **»Vorschläge für Antworten gegenüber der Öffentlichkeit«**! Es sind typische Standardfloskeln, die man von nun an immer wieder und überall hören wird: **»Ich spiele seit meinem … Lebensjahr für Eintracht Frankfurt. Ich bin Frankfurter und Eintrachtler. Ich fühle mich Eintracht Frankfurt und seinen Anhängern sehr eng verbunden.«** Thema Geld: **»Entscheidend ist für mich die sportliche Fürsorge durch meinen Verein. Geld ist für mich nebensächlich.«** Und auf Nachfragen zu einem möglichen Wechsel, beispielsweise zu Bayern München, soll Möller antworten: **»Ich verhandele nicht mit Bayern München. Ich will in Frankfurt bleiben.«** Wie die Realität um den Jungstar Möller tatsächlich aussieht, zeigt sich in seinem späteren Werdegang. Dieses Papier wird Jahre danach von seinem Mitspieler Axel Kruse **»LÜGENFIBEL«** genannt.

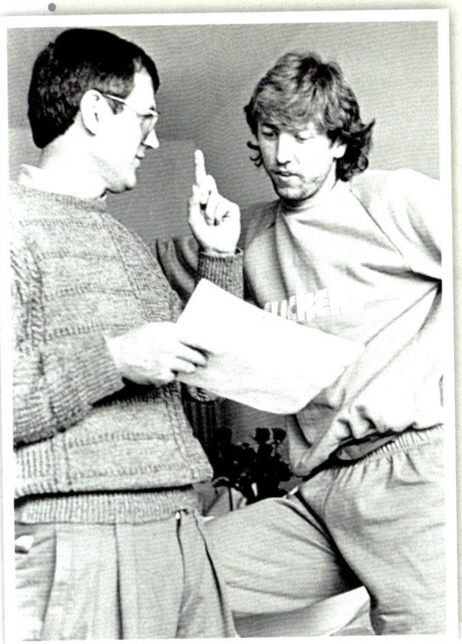

Dave Mitchell, der erste Australier in der Bundesliga und für die Eintracht von 1985 bis 1987 aktiv, muss tief in die Tasche greifen, wenn er mit den Lieben zu Hause telefonieren will. Die Deutsche Bundespost lässt sich jede Einheit in Mitchells Heimat wie üblich mit 23 Pfennig bezahlen. Das Problem ist: Die einzelne Einheit dauert nur 3,762 Sekunden. Verständlich, dass das Heimweh für den Australier ein großes Thema ist.

Vizepräsident Klaus Mank gibt Neuzugang Dave Mitchell Deutschunterricht.

Der scheidende Eintracht-Trainer Lorant verabschiedet sich nach dem Sieg über seinen neuen Klub zweifelnd von seinen alten Spielern. Diese hätten ihren Coach nach dem überraschenden Triumph über die Bayern gerne behalten – wenigstens die allermeisten. Nur Ersatzkeeper Günter Wienhold freut sich riesig über den Trainerwechsel und verkündet mit einem ironischen Zucken in den Mundwinkeln:

»Meinen nächsten Sohn nenne ich Dettmar.«

(„Jeans on"). Im Foto unten zeigt sich „Panik-Udo" Lindenberg mit Jürgen Grabowski (links) und Günther Wienhold (rechts) vom Bundesligisten Eintracht Frankfurt.

»Seit sie wissen, dass man bei **schlechten Laktatwerten müde sein muss, sind sie auch müde.**«

(Dragoslav Stepanovic über seine Mannschaft)

Gert Trinklein darf bei der Eintracht wieder mitmachen. Frankfurts Trainer Gyula Lorant gibt dem arbeitslosen Kicker noch eine Chance: **»Ich habe ihm gesagt, wenn er ohne rote Augen zum Training kommt, werden wir Freunde. Einen Intelligenzfußballer wie ihn brauche ich. Er ist wie ein Ungar, Österreicher oder Jugoslawe. Versucht, alles mehr mit Raffinesse als mit Kampf zu erledigen.«** Das Laster des Trinkens und leichten Lebens in Kneipen und Diskotheken ist für Trinklein aus einem anderen Grund eh vorbei, wie er selbst erklärt: »Als 27-Jähriger komme ich in diesen Läden nicht mehr klar!« Doch das **»fußball-magazin«** ist noch etwas skeptisch: **»Viele wollen es dennoch nicht glauben, dass aus dem flotten Swinger plötzlich ein zäher Ringer geworden ist.«**

Februar 1977: Dragoslav Stepanovic und Gert Trinklein genießen den Winter …

»Man kann nicht von Pech reden.
Wir sind souverän aus dieser Liga verschwunden!«

(Präsident Peter Fischer nach dem Abstieg)

»Der Schiedsrichter muss sich mir ja nicht in den Weg stellen. Er kann sagen: **Herr Reimann, verlassen Sie nicht die Coaching-Zone, aber er muss ja nicht RAMBO sein.**«

(Willi Reimann zu seinem Ausraster gegen den vierten Offiziellen)

»Skibbe zieht auf dem Podium die ganze Zeit die Stirn so kraus, dass dort **mindestens drei Viererketten** aus der Haut wachsen.«

(»Handelsblatt«)

Das Glück ist nicht mit Trainer WILLI REIMANN

»Was hilft **ein Kracher**, wenn drum herum **zehn Pflaumen** spielen?«

(Zur Transferpolitik)

»Haben Sie genug Zeit?«

(Auf die Frage eines Journalisten, was er alles verbessern müsse)

»Ich könnte mir auch einen TRAINERWECHSEL vorstellen.«

(Auf die Frage, ob er sich nach einem schweren Patzer einen Torwartwechsel vorstellen könne)

»Das entscheide ich am Sonntagvormittag, wenn ich weiß, dass alle gesund und pünktlich zum Frühstück erschienen sind.«

(Auf die Frage nach der Aufstellung im nächsten Spiel, nachdem kurz zuvor zwei Spieler das Abschlusstraining verschlafen hatten)

Trainer Willi Reimann verfolgt durch das Fenster eines Baucontainers das Spiel seiner Mannschaft. Er ist nach einer Schiedsrichter-Attacke für fünf Partien gesperrt. Die Eintracht verliert am 27. März 2004 im heimischen Waldstadion das Bundesligaspiel gegen den TSV 1860 München mit 0:3. Am Ende steigen beide Klubs ab.

»Langsam geht es wieder Richtung **WAND**.«

(Felix Magath nach drei Niederlagen in Folge)

»Die Tür zum Bad stand offen. Da sind überall Kacheln – deshalb dröhnt es, auch wenn man leise redet.«

(Erich Ribbeck nach einer lautstarken Halbzeit-Predigt)

»Wenn einer Tore schießt, bin ich bereit, ihn vom Platz zu tragen.«

(Dragoslav Stepanovic)

»Andere können sich ja gerne vor dem Spiel die Eier hart kochen.«

(Andreas Möller zum Vorwurf, ein Weichei zu sein)

»Nur die Harten kommen durch.«

(Thorsten Legat zu Journalisten, als er, mit sieben Stichen genäht, frisch aus dem Krankenhaus kam)

gesagt, gehört

el:
utt

Nürnbergs
schaft nach
im Flugzeug
Fußball zog
nzerrung zu
n die 80 000
portdirektor
hten. Vlado

Vlado Kasalo (links). Sein Mercedes blieb zur Reparatur in Zagreb

Mit seinem Körper wirbt Legat demnächst für Bodybuilding

Legat:

10 000 Mark für die gute Figur

Starschnitt ……………… Dr. Peter Kunter

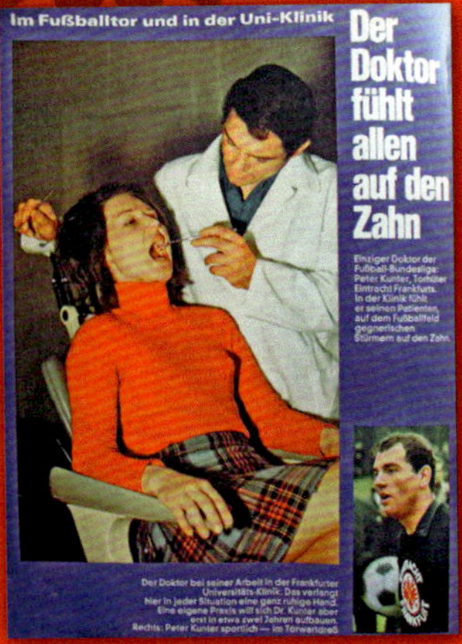

Im Fußballtor und in der Uni-Klinik

Der Doktor fühlt allen auf den Zahn

Einziger Doktor der Fußball-Bundesliga: Peter Kunter, Torhüter Eintracht Frankfurts. In der Klinik fühlt er seinen Patienten, auf dem Fußballfeld gegnerischen Stürmern auf den Zahn.

Der Doktor bei seiner Arbeit in der Frankfurter Universitäts-Klinik. Das verlangt hier in jeder Situation eine ganz ruhige Hand. Eine eigene Praxis will sich Dr. Kunter aber erst in etwa zwei Jahren aufbauen. Rechts: Peter Kunter sportlich — im Torwartdreß

Frankfurts Torhüter Dr. Peter Kunter doziert zum Ende seiner Karriere: **»Es ist nicht der herkömmliche Intellekt im Freud'schen Sinne. Es spielt alles eher auf der Ebene der Intuition. Es gibt Dinge im Fußball, die sind mit der normalen Ratio nicht zu erfassen. Zum Beispiel, wenn ein Spiel schiefläuft, dann können meinetwegen fünf Professoren in der Mannschaft spielen, sie werden das Ding nicht mehr herumreißen. Dann braucht es einen, der einfach das Gespür – um nicht zu sagen: die Fußballgedanken – haben muss, um alles wieder in die richtige Bahn zu lenken. Das ist die Intelligenz, die im Stadion gefordert wird. Was aber nicht heißen soll, dass allgemeine menschliche Klugheit auf dem Fußballplatz im Wege wäre. Siehe Herkenrath, Beckenbauer, Hoeneß!«** Und weiter: **»Bei mir hatte Fußball allerdings nie was mit Intelligenz zu tun. Ich hatte da mehr einen richtigen Schuss. Es ist doch so: Da wirft sich einer freiwillig vor die Beine von irgendwelchen bulligen Spielern, nur, um einen Ball zu fangen. Der muss doch eine besonders große Macke haben. Aber wenn man einmal mit dem Fußball angefangen hat, kommt man nicht mehr davon los. Das ist wie eine Droge!«**

▲ Fußball-Drama

Das Bild eines Tores, das ein Fußball-Drama einleitete: Nickel, bedrängt von dem Stuttgarter Entenmann, schießt zum ersten Tor der Frankfurter Eintracht ein. Innerhalb von 16 Minuten wurde aus 0:3 noch ein 4:3!

Fußball-Doktor ▶ im Farbfilm

Frankfurts Torwart-Doktor spielt sich selbst in einem Neun-Minuten-Farbfilm über einen Bundesliga-Keeper. Dr. Kunter im Schneideraum. Rechts: Regisseur Kreck.

Doch Kunter lässt auf dem Platz nicht den Intellektuellen raushängen, wie sein Kollege Gert Trinklein erzählt:

»Der ist ein ganz normaler Hund. Er tritt genauso gegen das Schienbein und entschuldigt sich noch nicht einmal.«

Sein größtes Hobby sind seine Pflanzen – aus einem ganz bestimmten Grund: **»Blumen hassen nicht. Sie wachsen heran und blühen, ohne zu fluchen.«**

Nach einem spektakulären 5:5 gegen den VfB Stuttgart im heimischen Waldstadion hat Frankfurts Torwart Dr. Peter Kunter die Nase voll. Der Zahnarzt will sich nicht länger die Schmähungen der eigenen Zuschauer anhören und verkündet so überraschend wie eigenwillig: ***»Jetzt muss Günter Wienhold ran. Ich möchte eine schöpferische Pause machen und im nächsten Vierteljahr, wenn es geht, nicht im Eintracht-Tor spielen. Das Publikum ist offensichtlich Kunter-müde!«*** Tatsächlich wird der Keeper erst über ein Jahr später wieder aufs Feld kommen. Am 24. Spieltag der Saison 1975/76 ersetzt er ab der 14. Minute den verletzten Wienhold.

Torwart Dr. Kunter leistet echte Lebenshilfe für den jungen Peter Reichel: »Mir war aufgefallen, dass der Peter bisweilen beim Köpfen am Ball vorbeisprang. Da kam mir der Gedanke, dass er, wie ich, kurzsichtig sein und die Entfernungen nicht richtig einschätzen könnte. Ich sagte ihm, er sehe nichts, und empfahl ihm Haftschalen. Seitdem ist Peter einer der stärksten Kopfballspieler bei der Eintracht.«

15. Januar 1966: Torwart Peter Kunter beim Training

Starschnitt

Dragoslav Stepanovic

Dragoslav Stepanovic geht bei schönem Wetter nie ohne Sonnenbrille aus dem Haus, und an Spieltagen trägt er Anzug: **»Nach einer Woche harter Trainingsarbeit ist das mein Sonntag, und sonntags zieht man sich in Jugoslawien fein an.«** Neben all den Äußerlichkeiten zeigt der Trainer der Frankfurter Eintracht auch eine nachdenkliche Seite von sich. In einer Art Tagebuch hat er sich Gedanken zu seiner Arbeit und seinen Spielern notiert: **»Ich warne euch: Versucht nicht, mich von meinem Weg abzubringen. Ich gebe euch keine Chance.« – »Ihr wisst, in was ihr euch eingelassen habt: Die Bundesliga ist zu vergleichen mit der Fremdenlegion. Ihr müsst jedes Mal das Beste geben, um euren Kopf zu retten.« – »Eure Schwäche ist, zu schnell aufzugeben, wenn es nicht läuft!«**

»Ich spiele nicht mit Worten. Die Worte spielen mit mir.«

Trainingslager im Januar 1992: Dragoslav Stepanovic vergnügt sich auf dem Jetski.

Eintracht-Trainer Dragoslav Stepanovic hat eine Platte aufgenommen. ***»Stepi und die Strassenjungs«*** nennt sich die musikalische Zusammensetzung. Der Song ***»Eintracht« wird der Hit des Jahres im lokalen Radio. Ein Ausschnitt aus dem Liedtext: »Jetzt geht es rund / die fangen jetzt ein Pfund / und der Stepi, der feuert sie an. / Und das Team kämpft hart wie ein Mann / und zeigt denen, was es so kann. / Wer feiert Feste / und wer lacht am Beste? Der, der zuletzt lacht / – Eintracht. 1, 2 / hau ihn rein / 3, 4 wollen wir!«***

Dragoslav Stepanovic wird in Frankfurt nicht glücklich. Auf die Frage, wo der Trainer denn die Zukunft des zweifachen jugoslawischen Fußballers des Jahres sehe, antwortet Gyula Lorant trocken:

»Ich glaube, neben mir auf der Bank!«

»Sein Wortschatz ist klein, aber **GROSSE** Worte findet er immer.«

(Aleksandar Ristic)

»Ich habe die ERLAUBNIS meiner Frau.«

(Dragoslav Stepanovic über seine Vorteile als Völler-Nachfolger)

Dragoslav Stepanovic mit den Jacob Sisters (1997)

»Trainer – das ist kein Job für Clowns. Toppmöller glaubte, er sei der Nabel der Welt. Der Mann steckt voller **Minderwertigkeitskomplexe**. Anders kann ich mir dessen Überheblichkeit und Profilierungssucht nicht erklären.«

(Winfried Schäfer im Jahr 1994)

»**Große ANSPRÜCHE** müssen nicht unbedingt mit **großen AUSSPRÜCHEN** groß gehalten werden.«

(Erich Ribbeck)

Wie locke ich möglichst viele Zuschauer ins Stadion, fragt man sich Anfang der 1980er Jahre in der Bundesliga. Eintracht Frankfurt hat dazu eine außergewöhnliche Idee entwickelt. Schatzmeister Wolfgang Knispel möchte unter dem Slogan **»4 aus 7«** im Rhein-Main-Gebiet knapp 20.000 Firmen gewinnen, die für ihre Arbeitnehmer Tickets erwerben. Untertitel der Kampagne ist nämlich: **»Ins Stadion gehen, die Eintracht sehen – und der Fiskus zahlt«**. Der Hintergrund: Firmen können bis zu viermal im Kalenderjahr die Kosten für eine Karte als Betriebsausgabe geltend machen. Knispel nennt es **»ein soziales Engagement«** der Unternehmen, denn er weiß: **»Normalverdiener können sich heute die Preise von 20 und 30 Mark für die Bundesliga kaum noch leisten.«**

»Fußball ist ein sehr kompliziertes Spiel. Man muss es einfach spielen, dann ist man erfolgreich!**«**

(Felix Magath)

»Die waren besoffen!«

(Willi Reiman über die Gründe für die Suspendierung der Spieler Jermaine Jones und David Montero)

November 2003: Modelauftritt mit freiem Oberkörper und Shorts von Calvin Klein: Jermaine Jones, DSF-Moderator Anthony Baffoe und Denis Wucherer von den Bayer Giants Leverkusen (von links)

Starschnitt

Uli Stein

Nach dem 1:1 gegen Saarbrücken in der Saison 1992/93 ist Eintracht-Torwart Uli Stein sauer auf seine Vorderleute. So sauer sogar, dass er sich nach der Partie in der Kabine nicht zurückhalten kann und im Beisein seiner sicherlich hoch erfreuten Mitspieler brüllt:

»Was bei uns alles in der Bundesliga rumrennt. Schick die Blinden zurück in die Oberliga!«

Stadionmagazin vom 27. Februar 1993

»Man schlägt sich so durch.«

(Über die viele Freizeit nach der Karriere)

Mediale Steilvorlage nennt man so etwas. So oder so:

»Er hält alles, nur nicht seine Schnauze.«

(»Frankfurter Rundschau«)

»Er hält alles, nur nicht den Mund.«

(»Süddeutsche Zeitung«)

»Lieber mal die Klappe aufreißen als mit einer Scheuklappe durchs Leben gehen.«

Artikel aus dem »fußball magazin«

»Es entwickeln sich aus den **Duellen** richtige **Zweikämpfe**!«

Autogrammkarte von Uli Stein

- **»Ich bin** Einzelkämpfer,
- **nach mir ist nichts mehr.**
- **Ich bin der Letzte,**
- **bin verantwortlich,**
- **mir kann keiner helfen.«**

»Ich gebe nicht gern Exklusiv-Interviews. Ich habe da immer das Gefühl, ich störe.«

»Die Rücktritte nach der WM 1998 sind als ›windige Rücktritte**‹ bezeichnet worden. Aus diesen windigen Rücktritten sind in der Presse** Windeier **gemacht worden. Später sind die Windeier zu** Weicheiern **erklärt worden.«**

Stadionmagazin vom 10. August 1991

»Das finde ich an den Journalisten so heimtückisch: Die sagen sich, wenn man zum Interview schon keinen **Dummen** findet, einen **Dümmeren** findet man allemal.«

»Eigentlich ist es nur die Angst des Tormanns vor dem Elfmeterpfiff.«

Nach einem furiosen Start und einem »**pervers praktizierten Offensivfußball**« (O-Ton Klaus Toppmöller) der Herren Gaudino, Bein und Yeboah steht Eintracht Frankfurt Ende August 1993 in der Tabelle ganz oben. In dieser Situation wird Eintracht-Trainer Toppmöller gefragt, ob sein Freund Rudolf Scharping eher Kanzler oder er eher Meister mit Frankfurt wird. Toppmöller antwortet: »Beide haben die gleichen Chancen. Und die Chancen beider sind sehr groß.« Am Ende wird es für beide allerdings doch ziemlich deutlich nicht reichen. Was bei der Eintracht vor allem an einer schwarzen Serie liegt. Als man am 19. Spieltag schon wieder verliert, werten die Offiziellen die Niederlage dennoch schon als kleinen Erfolg. Denn dieses Mal gewinnt Werder Bremen immerhin nur mit 1:0. Ein Lichtblick nach drei 0:3-Niederlagen in Folge. Das sieht auch Bernd Hölzenbein so, mit einem gequälten Lächeln sagt er: »**Es geht eindeutig aufwärts!**«

Erster Medizin-Test erfolgreich
Männer können Kinder kriegen
Spieler-Streik
Alle 3 gefeuert
Montag, 5. Dezember 1994
Bild
2,7 MILLIONEN MARK
Wißt ihr noch, was Arbeit ist?
Führerschein weg?
Sofort Sperrfrist nutzen!
ACHTUNG!
EG-Fahrerlaubnis möglich!
Nur der Echte ist der Rechte!
Das Goldene Weihnachtsfest
FDP-Chaos
Kinkel droht: Rücktritt!

»Wenn das Spielsystem verschwimmt, schwimmt der Trainer.«
(Jupp Heynckes)

»In England putzen die Talente den Stars die Fußballschuhe. **Hier putzen sie nicht mal ihre eigenen.**«

(Felix Magath)

»Das **braune Pack** sollte jede anständige Kurve selbstständig aus dem Block **prügeln**. Das haben wir früher so gemacht, das wird in Frankfurt heute noch so gemacht. Und da bin ich **stolz** drauf.«

(Präsident Peter Fischer redet Klartext.)

Peter Fischer im April 2013

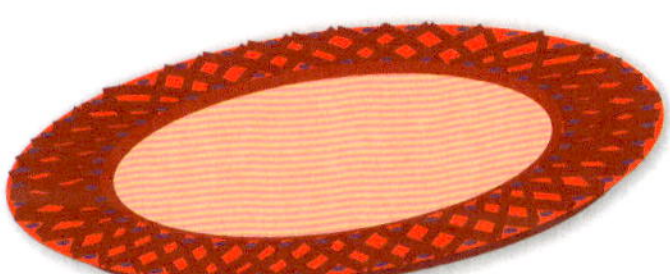

»Was nützt der schönste Teller, wenn nichts zum Essen darauf ist?«

(Friedel Rausch nach einem zwar guten Spiel, für das es trotzdem keine Punkte gab.)

»Solange ich gerade laufen kann und morgens noch aus dem Bett komme, will ich weitermachen.«

(Der »ewige Oka« im Januar 2013 zu einer möglichen Vertragsverlängerung)

»Der Ball ist rund. Wäre er eckig, wäre er ja ein Würfel.«

(Gyula Lorant)

Legendärer Auftritt im Sportstudio von Sebastian Vettel im Dezember 2009

Das meist fotografierte Objekt im wunderbaren Eintracht-Museum ist ein **Bierbecher** – er stammt vom **SGE-Fan Sebastian Vettel**, der bei einem Spiel der Eintracht gegen Mainz im Stadion war. Am Abend dieses Tages ist der Formel1-Fahrer zusammen mit dem Coach der 05er, Thomas Tuchel, im ZDF-Sportstudio eingeladen. Als Mitbringsel hat Vettel eben diesen Bierbecher mit dem Spruch »**Als Erinnerung an den 0:2-Erfolg**« versehen, unterschrieben und in Papier eingeschlagen. Tuchel fand das Geschenk nicht so prickelnd, vor allem weil Vettel bei der Übergabe noch sagte: »**Wenn Sie den Becher umdrehen, haben Sie eine Vitrine für die ganzen Pokale von Mainz 05!**« Nach der Sendung schmiss Tuchel den Becher weg, doch ein Mitarbeiter des ZDF fischte ihn aus dem Müll und übergab ihn dem Museum. Nun steht er dort unter Glas, sorgt immer noch für Belustigung und wird eifrig fotografiert.

Im Museum kann man übrigens auch den legendären **Plastikgartenstuhl** von **Horst Ehrmanntraut** aus der Aufstiegssaison entdecken. Er wurde mit einer hohen vierstelligen Summe versichert, was allerdings gar nicht so einfach war, weil die Agentur dachte, sie würde von der Eintracht verarscht.

Horst Ehrmanntraut im August 1998 auf seinem legendären Plastikstuhl

Der coole Axel Kruse

»Mir sind beim Tor Eiswürfel aus der Nase gekullert, so cool war ich.«

»Als er zur Welt kam, war er ein **SO hässliches Kind**!«
(Mama Erika im Fernsehen)

Frankfurts **Axel Kruse** kommt aus der ehemaligen DDR und ist empört über Rostocks Florian Weichert:

»Ein **Perverser**. Er arbeitete für die Stasi und war auf mich angesetzt, **verriet seine eigenen Kumpels**. Als wir letzte Saison in Rostock spielten, wollte er mich umarmen. Da habe ich **Hass** gekriegt, bin drei Schritte zurückgegangen und zischte nur: **›Hau ab.‹ Was gibt es ekelhafte Typen!«**

Frankfurts Axel Kruse ist ein spezieller Typ. Das beweist er auch wieder bei der Beantwortung der Frage: »**Wen oder was würden Sie auf eine einsame Insel mitnehmen?«**
»Meine Frau, meinen Sohn und einen Boller-Automaten.«

Axel Kruse beim Torjubel

»**Komm doch, komm doch!**«, ruft **Willi Lippens** dem Torwart der Eintracht, Peter Kunter, zu. Nach einem Steilpass steht der Essener alleine am Strafraumeck und lockt den Torhüter aus dem Kasten. Und Dr. Peter Kunter tut ihm den Gefallen. Er läuft der »Ente« drei, vier Schritte entgegen und muss mit ansehen, wie der »Knicker schön oben im langen Eck« versenkt wird. Es ist das Tor zum 2:1 für Rot-Weiss Essen. Spektakulär erzielt. Am Ende steht es zwar 6:3 für RWE, doch dem Eintracht-Keeper ist es fast egal. Er kann Lippens nicht böse sein. **Kunter schwärmt noch heute von dem wendigen Essener: »Der war die halbe Bundesliga wert!«**

»Demnächst werden Ungeborene unter Vertrag genommen.«

(Trainer Willi Reimann über das Verhalten von Bayer Leverkusen und Jermaine Jones: Der Stürmer hatte über ein Jahr vor Vertragsende in Leverkusen unterschrieben.)

»Ich will jetzt nicht noch zusätzlich **Feuer ins Öl gießen**.«

(Friedel Rausch)

4. April 1970: Rennfahrerin Hannelore Werner gibt Dr. Peter Kunter, Bernd Nickel, Jürgen Grabowski und Horst Heese Tipps.

»Schach ist für mich neben Fußball der schönste Sport, weil es aufgrund der Figuren auch ein Mannschaftssport ist.«

(Felix Magath)

Stepi beim Schachspielen

»Mit dieser phantastisch kämpfenden Mannschaft ist die Meisterschaft bald drin!«

(Karl-Heinz Körbel nach der Vorrunde in der Abstiegssaison von Eintracht Frankfurt)

»Fußballer sind schöpferische Wesen. Die erschließen sich ständig neue Gebiete, auf denen sie Fehler machen können.«

(Jupp Heynckes)

Max Merkel: »Der Dettmar Cramer hat doch nur den Schwarzen im Senegal beigebracht, wie man Kakteen umdribbelt.«
Antwort von Dettmar Cramer: »Hier ist der Kollege Merkel schlecht in Geografie: Im Senegal gibt es gar keine Kakteen.«

»Man kann wirklich nicht immer seiner eigenen Meinung sein!«

(Jörg Berger)

»Zé Roberto ist so schnell. Den kriegst du noch nicht einmal gefoult!«

(Ervin Skela)

»Wenn das so weitergeht, dann können wir mit zwei Pkw zum VfB Stuttgart fahren.«

(Über die Verletzungssorgen)

»Aber meine Herren, warum kritisieren Sie mich so? Auch das Chaos will schließlich komponiert sein.«

(Dragoslav Stepanovic nach einer Niederlage)

Thomas Zampach …

»Auch ein blinder Affe findet mal eine Banane, aber wir finden momentan weder eine Banane noch ein Korn.«

(Abwehrspieler Thomas Zampach)

»Noch mal. Vielen Dank.«

(Frankfurts Deutsch lernender Stürmer Chen Yang aus China auf die Bitte eines Reporters nach einem deutschen Satz)

»Die Schalker machen Picknick in Bremen und wir kämpfen um unsere Existenz. Die Dortmunder haben nicht mal gegrätscht. Für mich ist das alles Mafia.«

(Alexander Schur beklagt sich über die Einstellung der Gegner der Abstiegskampfkonkurrenten.)

Autogrammkarte von Alexander Schur (Saison 1998/99)

»Sollten wir uns vier Stunden in den Bus setzen und heulen? Wir haben eben **zwei Stunden geheult** und dann **zwei Stunden Karten gespielt**!«

(Thomas Reichenberger zu Vorwürfen, er und andere Spieler hätten auf der Rückfahrt vom Spiel in Wolfsburg, nachdem der Abstieg feststand, Karten gespielt)

»Wir sind hierher gefahren und haben gesagt: Okay, wenn wir verlieren, fahren wir wieder nach Hause.«

(Marko Rehmer)

»Wir stehen auf Platz 18, wo wir hingehören.«

(Helmut Rahner)

»Beim 0:1 sehe ich unglücklich aus, ob der Ball geflattert hat oder nicht – aber er flattert natürlich.«

(Oka Nikolov)

Saison 1995/96

Saison 1998/99

Saison 2008/09

»Was willst du denn hier? Ist doch erst sieben Uhr.«

(David Montero, als er Rainer Falkenhain, dem Leiter der Lizenzspielerabteilung, die Tür öffnete. Um elf Uhr nach dem Vormittagstraining. Er wurde daraufhin mit sofortiger Wirkung suspendiert.)

»Wenn ich ihn geschlagen hätte, hätte er das Training nicht verfolgen können.«

(Alexander Schur auf die Beschuldigungen Serge Brancos, er habe ihn in der Kabine geschlagen)

»Bisher war es bei mir üblich, mir nach dem Spiel mit meinen Kumpels ordentlich die Birne zuzuschütten.«

(David Montero)

»Der Rausch, das ist ein erfahrener Cowboy. Dem kann man nicht in die Satteltasche pinkeln.«

(Stefan Kuntz)

Autogrammkarte der Saison 1999/2000

»Wenn schon doof verlieren, dann wenigstens in Bochum.«

(Meint der Ex-Bochumer Thorsten Kracht.)

»Raumdeckung darf man nicht so wörtlich nehmen.«

(Armin Kraaz zu Gegentoren, bei denen die Stürmer sehr frei standen)

»Unsinn, die Zeit ist uns schon längst davongelaufen.«

(Präsident Peter Fischer auf die Frage, ob er nicht Angst habe, dass der Eintracht in der Investorenfrage die Zeit davonlaufen könne)

»Ich habe einen Sohn, der ist, glaube ich, sieben Wochen alt. Dem habe ich das Tor gewidmet.«

(Thomas Zampach)

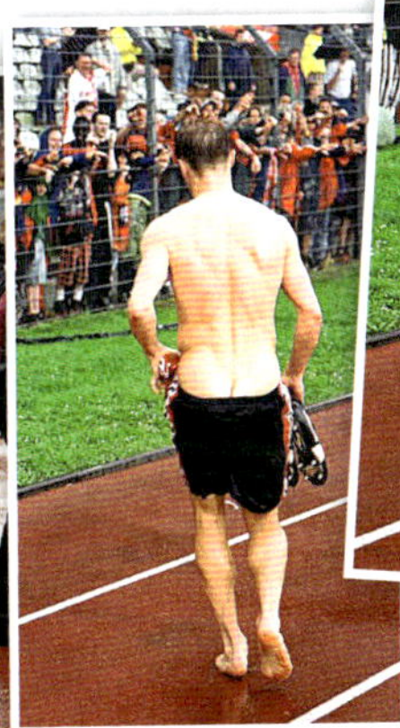

Thomas Zampach feiert den Aufstieg 1998 …

»Sehe ich aus wie eine Lame Duck? Ich kann mir nicht vorstellen, dass ich das bin. Jupp Heynckes hat im letzten Jahr alle drei Titel gewonnen, obwohl er schon im Dezember wusste, dass er im Sommer nicht mehr da sein wird.«

(Eintracht Frankfurts Trainer Armin Veh nach seiner Abschiedsankündigung)

»Eine schöne Kombination auf dem Fußballplatz ergibt sich nicht einfach so. **Schönheit ist die Abwesenheit von Zufällen.**«

(Felix Magath)

»Das Wichtigste ist, dass wir **drei Punkte** mit nach Frankfurt bringen.«

(Dragoslav Stepanovic vor seinem ersten Spiel als Trainer bei Kickers Offenbach)

»Es ist egal, ob ein Spieler bei **Bayern München** spielt **oder sonstwo im Ausland**.«

(Erich Ribbeck)

»Vielleicht ist es in Frankfurt möglich, zwischen zwei Trainingseinheiten drei Stunden Tennis zu spielen, in München aber bestimmt nicht.«

(Uli Hoeneß über den unsoliden Norbert Nachtweih)

1. April 1980: Eintracht Frankfurt beim Friseur. Wolfgang Trapp bekommt die Haare schön, dahinter: Bernd Hölzenbein mit Föhn, Werner Lorant, Fred Schaub, Norbert Nachtweih mit Haarspray, Bum-Kun Cha mit Spiegel (von links).

»Wenn **Winnie Schäfer** gekommen wäre, hätte er hier den **3. Weltkrieg** ausgelöst. Was soll da erst bei **Lothar Matthäus** passieren?«

(Eintracht-Fan Joachim Pflug zur geplanten Verpflichtung von Lothar Matthäus als Trainer)

»Eintracht Frankfurt war lange genug wie ein Durchlauferhitzer. Erst ein riesiges Feuerwerk und dann ist der Ofen aus …«

(Volker Sparmann, Aufsichtsratschef, zu den Lizenzproblemen)

»Ich war es leid, nur noch mit dem **Hund** spazieren zu gehen, **Golf** und **Tennis** zu spielen.«

(Friedel Rausch nach einer neuen Anstellung als Manager)

»Es spricht alles für **Willi Reimann**, außer die Tat ...«

(Der Anwalt Christoph Schickhardt zur Bestrafung wegen seiner Attacke gegen den vierten Schiedsrichter)

»Die Eintracht ist vom Pech begünstigt.«

(Karl-Heinz Körbel)

»Mit jungen Talenten bin ich erst mal sehr vorsichtig. Schon so mancher, der zunächst mächtig Staub aufwirbelte, war, als sich die Staubwolke verflüchtigt hatte, nicht mehr auffindbar.«

(Karl-Heinz Feldkamp)

»Ich muss mir wohl beim **DFB** ein **Zimmer** suchen!«

(Rolf Dohmen nach dem zweiten strittigen Platzverweis innerhalb kürzester Zeit)

Autogrammkarte der Saison 2000/01, als Dohmen Trainer bei der Eintracht war

Panini-Bild von 1982

»Genauso wie Sie!«

(Jörg Berger auf die Frage, wie er das Gegentor seiner Mannschaft gesehen habe)

»Jetzt weiß man, dass Erich Ribbeck wirklich keine Ahnung hat.«

(Mario Basler nach dem Aus der deutschen Nationalmannschaft bei der EM 2000)

»Ich bin **so klug**, dass ich meine Worte so wählen kann, dass ich immer **recht habe**.«

(Gyula Lorant)

Räucherfisch: Trainer Gyula Lorant, Chefkoch Ralf Heerklotz, Dragoslav Stepanovic, Helmut Müller mit einem Donauwaller (Wels)

»Ich habe noch **keinen Bock**, so ein bisschen in der Wüste zu spielen. Da sitzen dann ein paar Scheichs in ihren Sesseln, telefonieren während des Spiels und essen Pommes. Dafür bin ich noch zu gut. **Obwohl:** Montag bei Basler grillen, Dienstag bei Effenberg und Mittwoch bei mir – das könnte lustig werden.«

(Ansgar Brinkmann auf die Frage, ob er sich einen Wechsel nach Katar vorstellen könne)

»Lauft, ihr Arschlöcher, lauft! Ihr braucht noch ein Tor. Scheiße, ihr braucht noch ein Tor.«

(Thomas Epp beim Abstiegsdrama am 29. Mai 1999 in Frankfurt)

Cha hat gesagt, er sei klar gefoult worden. Und er kommt aus einem Land, wo die Menschen gut erzogen sind und die Wahrheit sagen.«

(Trainer Willi Reimann über Du-Ri Cha)

»An die fünf lebenswichtigen Bausteine in **Nutella**.«

(Horst Heldt auf die Frage, woran er glaube)

»Er wollte immer nur knapp gewinnen, um seinen Gegner nicht bloßzustellen.«

(Willi Reimann über Du-Ri Cha)

»Wir halten den **Kopf hoch**, auch wenn der **Hals** schon **dreckig** ist.«

(Dirk Heinen zum Abstiegskampf seiner Mannschaft)

»Seins bekommt einen Ehrenplatz bei mir. Ich weiß aber nicht, wo er meins hinhängt. Wahrscheinlich in den Abstellraum.«

(Ansgar Brinkmann nach dem Trikottausch mit Bixente Lizarazu)

»Che Guevara war ein Rebell, ein Kämpfer für sein Land. Das will ich auch sein. Ich will den Schwachen helfen. Das ist im Fußball genauso, da muss man den schwachen Gegner auch aufbauen. Das ist so eine eigene Logik von mir, dazu will ich gar nicht viel sagen.«

(Thorsten Legat zu seiner Che-Guevara-Tätowierung)

Stadionmagazin zum Rückspiel in der ersten Runde des UEFA-Pokals gegen Ljubljana, das die Eintracht am 27. September 1994 2:0 gewann

Bundesliga-Dino Eintracht Frankfurt?

»Felix Magath ist der letzte Diktator Europas.« *(Bachirou Salou)*

Autogrammkarte der Saison 1999/2000

»Wie er das Bällchen führte, drehte, fast streichelte, das hatte etwas **Erotisches**.«

(Uli Stein über Lajos Detari, den ungarischen Nationalspieler der Eintracht)

Sammelbild zur WM 1986 in Mexiko

Uli Stein

»Man muss ja nicht nur gucken, wie viel einer läuft, sondern was hinten rauskommt.«

(Karl-Heinz Feldkamp)

Thorsten Legat und **Thomas Epp** müssen eines Tages verletzt nach München zu Doktor Müller-Wohlfahrt. Nach einer etwas längeren Wartezeit kommt der große Film-Schauspieler **Pierre Brice**, gestützt von seiner Frau, durch die Tür herein. Er schreit vor Schmerzen. Offensichtlich plagt ihn ein Hexenschuss. Seine Frau bittet die beiden Profis inständig, ihren Mann vorzulassen. Doch Legat kennt kein Erbarmen und antwortet, ohne lange zu überlegen: »**Nee!**« Etwas nachdenklicher schiebt er hinterher: »**Außerdem dachte ich, ein Indianer kennt keinen Schmerz!**«

»Ich habe **Scheiße** an den Händen.«

(Dirk Heinen nach mehreren Patzern in kurzer Zeit)

Thomas Zampach zu Mainzer Zeiten …

»Bin bis fünf Uhr früh in meiner Stammkneipe zu erreichen.«

(Ansage auf Ansgar Brinkmanns Anrufbeantworter)

»Ich würde barfuß nach Bethlehem laufen, um den Klassenerhalt zu schaffen.«

(Thomas Zampach)

»Unsere Fans müssen **fünf Bier** getrunken haben, um unser Gekicke auswärts zu ertragen.«

(Alexander Schur)

»Ich hatte vom **Feeling** her ein gutes **Gefühl**.«

(Andreas Möller)

»Ich glaube, ich hatte den Spanner im Schuh vergessen.«

(Heinz Gründel nach einer Batterie an überhastet vergebenen Torchancen)

»Fußballprofis haben Woche für Woche Höhepunkte.«

(Jupp Heynckes)

»Meine Frau fände **Bruno Labbadia** sehr attraktiv. Aber bei der Trainerwahl höre ich nicht auf sie. Sonst schon.«

(Heribert Bruchhagen)

»Ich habe im Fußballgeschäft so zu lügen gelernt, dass mich sogar meine Frau für einen Drecksack hält.«

(Vizepräsident Dr. Peter Kunter)

»Den größten Fehler, den wir jetzt machen könnten, wäre, die **Schuld beim Trainer zu suchen**.«

(Trainer Charly Körbel)

»Hoffer ist ein Panzertyp mit Jennifer-Lopez-Arschbacken – oder auch Shakira-Arschbacken.«

(Ümit Korkmaz über Erwin Hoffer)

Autogrammkarte der Saison 2008/09

Autogrammkarte der Saison 1992/93

»Was der Rudi Bommer heute mit seinen 800 Jahren geleistet hat, war schon phänomenal.«

(Dragoslav Stepanovic über Rudi Bommer)

Sommer 1974: Nach einer erfolgreichen Weltmeisterschaft erholt sich Bernd Hölzenbein mit seiner Frau Jutta am Strand.

Ben Redelings ...

... ist Deutschlands erfolgreichster Fußball-Komiker, außerdem ist er **Bestsellerautor,** Filmemacher und »der ungekrönte Meister im Aufspüren kurioser Fußballgeschichten« (»Deutsche Akademie für Fußballkultur«). Regelmäßig schreibt er für »Spiegel Online« sowie für die Magazine »11FREUNDE« und »Reviersport«. Nach Meinung der »Jungen Welt« tut er dies sogar »um Längen besser als Nick Hornby«.

1975 in Bochum geboren, wollte er eigentlich Lehrer werden. Nach dem ersten Staatsexamen siegte jedoch die Liebe zum runden Leder. Seine Fußballabende SCUDETTO sind **deutschlandweit** bekannt, regelmäßig ausverkauft und genießen mittlerweile Kultstatus.

»Stepi« und Ben Redelings auf der Frankfurter Buchmesse 2013

Ben Redelings hat in den letzten Jahren zahlreiche Bücher im Verlag Die Werkstatt veröffentlicht, sein Buch »Fußball ist nicht das Wichtigste im Leben – es ist das Einzige« war der erfolgreichste Fußballroman 2008 und wurde für das »Fußballbuch des Jahres« nominiert. »50 Jahre Bundesliga. Das Jubiläumsalbum« schaffte es mehrmals auf **Platz 1 der Sport-Bestsellerliste**.

Termine und Blog:
www.scudetto.de

»Eine Sammlung unwiderstehlicher Stilblüten.«
(»Spiegel Online«)

»›Tausche Schwester gegen Endspielkarte‹ ist eine Schatzkiste voller Weisheiten rund um die schönste Sache der Welt.«
(»Hamburger Morgenpost«)

»Ausgesprochen kurzweilig«
(»Prinz«)

»Ein bunter Mix!«
(»Reviersport«)

»Das Sammelsurium bietet auf 384 Seiten Stilblüten, die es mit dem Unterhaltungswert eines Ligaspiels locker aufnehmen können.«
(»WAZ«)

ISBN 978-389533-843-4, € 9,95

www.werkstatt-verlag.de

Weitere Bücher zu Eintracht Frankfurt

Ulrich Matheja
Unsere Eintracht
Eintracht Frankfurt – Die Chronik
416 Seiten, Großformat, Hardcover, durchgehend vierfarbig, mit Statistik-CD
ISBN: 978-3-89533-750-5, € 45,00

»Da wird jedem Eintracht-Fan warm ums Herz. Mit dieser enormen Rechercheleistung und lückenlosen Chronik macht sich Matheja endgültig zum Guido Knopp von Eintracht Frankfurt.« *(11 Freunde)*

»Was Ulrich Matheja zusammengetragen hat, passt nicht in ein einzelnes Buch. ... Die Highlights des Buches sind neben den unzähligen Fakten viele, teilweise bisher unveröffentlichte Anekdoten, Fotos, Abbildungen von alten Programmheften und Eintrittskarten.« *(kicker)*

Martin Thein, Peter C. Moschinski
»Lebbe geht wieder« Das Leben des Dragoslav Stepanovic
224 Seiten, Hardcover, Fotos
ISBN: 978-3-7307-0016-7, € 19,90

»In dem Buch lernt der Leser den aus ärmlichen Verhältnissen stammenden Fußballer kennen, der es mit viel Talent und Disziplin schaffte, zu einem der besten Spieler seiner Zeit aufzusteigen.« *(Die Welt)*

»Die Lebensgeschichte des Frankfurter Originals liest sich leicht und schnell Am Ende wird der Sympathiewert für ihn gestiegen sein.« *(Fan geht vor)*

Matthias Thoma
»Wir waren die Juddebube« Eintracht Frankfurt in der NS-Zeit
240 Seiten, Hardcover, Fotos
ISBN: 978-3-89533-560-0, € 19,90, 2. Auflage 2009

»In seinem Buch zeichnet Thoma den Prozess von diskriminierenden Sticheleien nach der Machtergreifung Hitlers bis zum Zusammenbruch des Vereinslebens im Krieg nach. Einzelschicksale liefern dabei eine bewegende Perspektive auf diese düstere Periode der Eintracht, lange bevor sie zum Phlegma-Klub vom Main avancierte.« *(11 Freunde)*

www.werkstatt-verlag.de